LAS
MEJORES
JUGADORAS

2026

LEYENDAS DEL FÚTBOL

PUBLICADO EN 2025 POR WELBECK CHILDREN'S BOOKS
Un sello editorial de Hachette Children's Grou
Carmelite House, 50 Victoria Embankment, Londres, EC4Y 0DZ
Una empresa de Hachette UK
www.hachette.co.uk
www.hachettechildrens.co.uk

Todos los datos estadísticos y mapas de calor proporcionados por Opta, bajo licencia de Stats Perform.

Todos los equipos de las jugadoras y entrenadoras/es son correctos a fecha de 1 de septiembre de 2025.

Autor: Kevin Pettman
Jefe de diseño: Matt Drew
Búsqueda de imágenes: Paul Langan

Producción: Melanie Robertson
Composición de cubierta: Celia Antón Santos
Traductor: David Ridruejo Sánchez

© EDICIONES OBERON (GRUPO ANAYA, S. A.), 2026
Valentín Beato, 21. 28037 Madrid
Depósito legal: M-19141-2025
ISBN: 979-13-87775-03-2
Impreso y encuadernado en China

CRÉDITOS DE LAS IMÁGENES
La editorial desea dar las gracias a las siguientes fuentes por su permiso para reproducir las imágenes de este libro.

Getty Images: Eric Alonso 8; ANP 79; Marc Atkins 61; Tnani Badreddine/DeFodi Images 7; Naomi Baker/The FA 59, 78; Ira L. Black/Corbis 106T, 108B, 110B; Bagu Blanco/Pressinphoto/Icon Sport 40; Jose Breton/Pics Action/NurPhoto 16, 21, 77; Alex Broadway/The FA 105; Rico Brouwer/Soccrates 72; Alex Burstow/Arsenal FC 14, 46, 62; Alex Caparros 64; Steph Chambers 108T; Jenny Chuang/ISI Photos 20, 98; Seb Daly/Sportsfile 25; Kelly Defina 109T; Graham Denholm 103; Daniel Derajinski/Icon Sport 110T; Elianton/Mondadori Portfolio 51; Eurasia Sport Images 39; Jacques Feeney/Offside 44, 52; Baptiste Fernandez/Icon Sport 106B; Franck Fife/AFP 35, 85; Foto Olimpik/NurPhoto 73; Craig Foy/SNS Group 102; Nigel French/Sportsphoto/Allstar 15; Scott Gardiner 109B; Gaspafotos/MB Media 99; Edith Geuppert/GES Sportfoto 75; Rich Graessle/Icon Sportswire 101; Alex Grimm 20, 30, 48, 53; Masashi Hara 41; Oliver Hardt 65, 93, 111B; Morgan Harlow/The FA 94; Jose Hernandez/Anadolu Agency 69; Christian Hofer/UEFA 63; Harry How 42; Soobum Im/NWSL 60; Johnnie Izquierdo 82; Jung Yeon-Je/AFP 38; Eddie Keogh/The FA 13; Christof Koepsel 49; Harriet Lander/Chelsea FC 36; Harriet Lander/The FA 56; Roy Lazet/Soccrates 55; Chris Lee/Chelsea FC 97; Christian Liewig/Corbis 27; Warren Little 87; Katharine Lotze 83; Ian MacNicol 57; Carmen Mandato 88; Steven Markham/Icon Sportswire 86; Matt McNulty 107T; Pablo Morano/MB Media 22; Jonathan Moscrop 92; Doug Murray/Icon Sportswire 96; Alex Pantling/UEFA 66; Richard Pelham/The FA 31; Ryan Pierse 9; Daniel Pockett 28; Joe Prior/Visionhaus 10, 54, 67, 71; Manuel Queimadelos/Quality Sport Images 11, 89; David Ramirez/Quality Sport Images 24; David Ramos 5, 34, 45, 70; Chris Ricco 90; Pablo Rodriguez/Quality Sport Images 33; Sandra Ruhaut/Icon Sport 91; Will Russell 12; Pedro Salado 26, 107B; Pedro Salado/Quality Sport Images 29; Richard Sellers/Sportsphoto/Allstar 47, 74; Justin Setterfield 23; Alex Slitz 18; Brad Smith/ISI Photos 76, 80; Diego Souto 50; Janelle St Pierre 68; Rich Storry/NWSL 95; Kenzo Tribouillard/AFP 100; Omar Vega 37; Visionhaus 17, 43, 81; Sebastian Widmann 111T. Shutterstock: Dejan Popovic 104

Se han realizado todos los esfuerzos posibles por reconocer correctamente y contactar con la fuente o el propietario del *copyright* de cada imagen. Cualquier error u omisión accidental se corregirá en futuras ediciones de este libro.

LAS MEJORES JUGADORAS 2026

LEYENDAS DEL FÚTBOL

PERFILES • ESTADÍSTICAS • JUGADORAS *TOP*

OBERON

CONTENIDOS

CÓMO USAR ESTE LIBRO

¡Bienvenido a *Leyendas del fútbol femenino 2026*, que recoge las estadísticas de rendimiento más recientes de las mejores jugadoras y entrenadoras del fútbol femenino! Hemos elegido a más de 100 estrellas de las mejores ligas del mundo, incluyendo la NWSL (Liga nacional femenina de fútbol) de EE. UU., la WSL (Superliga femenina) de Inglaterra, la A-League de Australia y las ligas de élite de España, Francia y Alemania. Las jugadoras y los entrenadores han pasado al menos los tres últimos años de sus carreras trabajando en estas ligas principales. Con todas las estadísticas clave al alcance de la mano, puedes utilizar este libro para analizar su rendimiento y determinar quiénes son las defensas, centrocampistas, delanteras, porteras y entrenadores más en forma del mundo en la actualidad.

Los tipos de estadísticas presentadas en cada posición varían, ya que cada posición realiza una función específica en el campo. Por ejemplo, la labor principal de la defensa es impedir que la contrincante marque, así que las estadísticas se centran sobre todo en esa parte de su juego. Del mismo modo, la habilidad para las entradas de una delantera no es tan relevante como su número de goles o de asistencias. Lo que sí verás para todas las jugadoras es el mapa de calor, que muestra las áreas del campo en las que se concentra su juego o, en el caso de las porteras, si su punto fuerte es el área pequeña o juegan como porteras-líberas que están cómodas en toda el área de penalti.

Las estadísticas abarcan el rendimiento de una jugadora en las tres últimas temporadas (2022/2023, 2023/2024 y 2024/2025), como miembros de equipos que pertenecen a una de las principales ligas. La única excepción son las jugadoras de la NWSL, cuyas estadísticas abarcan las temporadas 2022 a 2024 y a los 10 primeros partidos de la temporada 2025. Las cifras se han recopilado solo en apariciones en partidos de ligas nacionales y europeos (lo último no se aplica a las jugadoras de la NSWL, por supuesto) y se han excluido datos de copas nacionales, supercopas o partidos internacionales.

DEFENSAS

En el fútbol de élite moderno, una defensa es mucho más que una jugadora que está ahí solo para evitar que el equipo rival marque goles. Aunque esa sigue siendo su prioridad, las defensas también ayudan a montar ataques al sacar el balón desde atrás o hacer pases largos. Las posiciones defensivas incluyen defensas centrales, laterales y carrileras. Puede haber dos o tres defensas centrales en un equipo y, por lo general, son altas, tienen potencia para hacer entradas y son buenas con los despejes de cabeza. Las laterales y las carrileras trabajan en zonas amplias y deben tener velocidad, habilidad y energía para defender su área y penetrar hacia delante.

¿QUÉ SIGNIFICAN ESTAS ESTADÍSTICAS?

75%

DUELOS AÉREOS GANADOS

Es el porcentaje de cabezazos que ha ganado una defensa en su propia área para interrumpir un ataque de la rival.

INTERCEPTACIONES

Es el número de veces que una defensa ha detenido con éxito un ataque sin tener que hacer una entrada.

BLOQUEOS

Un tiro interceptado por una defensa, que evita que su portera tenga que hacer una parada.

PRECISIÓN DE LOS PASES

La precisión de los pases indica, en forma de porcentaje, la capacidad de una jugadora para completar un pase a una compañera de equipo.

DESPEJES

Un ataque frustrado con éxito, ya sea usando el pie o la cabeza para alejar el balón en una situación de peligro.

ENTRADAS

Es el número de veces que una defensa ha obstaculizado y quitado el balón a la oponente sin cometer falta.

¿Lo sabías?

Al comienzo de 2024/2025, el Lyon no encajó ni un gol en la liga francesa en sus primeros nueve partidos. Su férrea defensa se basa en el liderazgo de la capitana Wendie Renard, que tiene la altura, la potencia y la habilidad técnica para mantener el peligro lejos de su portería.

22

NACIONALIDAD
Española

CLUB ACTUAL
Barcelona

ONA BATLLE

Ona Batlle fue jugadora del equipo juvenil del Barcelona antes de desarrollar sus habilidades de ataque y defensa en el Levante y el Manchester United. La lateral derecha volvió al Barça en 2023 y sus carreras espectaculares y sus entradas fuertes se han convertido en un rasgo destacado de su juego.

F. NACIMIENTO	10/06/1999
POSICIÓN	LATERAL DCHA.
ESTATURA	1,65 M
DEBUT	2014
PIE PREFERIDO	DERECHO

BLOQUEOS
15

APARICIONES
81

INTERCEPTACIONES
80

PENALTIS MARCADOS
0

DUELOS AÉREOS GANADOS
50,0%

PASES COMPLETADOS
88,1%

GOLES
8

PASES
4535

DESPEJES
52

ENTRADAS
162

PALMARÉS EN CLUBES
⚽ UEFA Women's Champions League: 2024, subcampeona 2025
⚽ Liga F: 2024, 2025 ⚽ Copa de la Reina: 2017, 2024, 2025
⚽ Women's FA Cup: Subcampeona 2023 (Manchester United)

PALMARÉS INTERNACIONAL
⚽ Copa Mundial Femenina de la FIFA: 2023
⚽ UEFA Women's Nations League: 2024
⚽ Campeonato de Europa Femenino de la UEFA:
   Subcampeona 2025

ÁREAS DE ACTIVIDAD

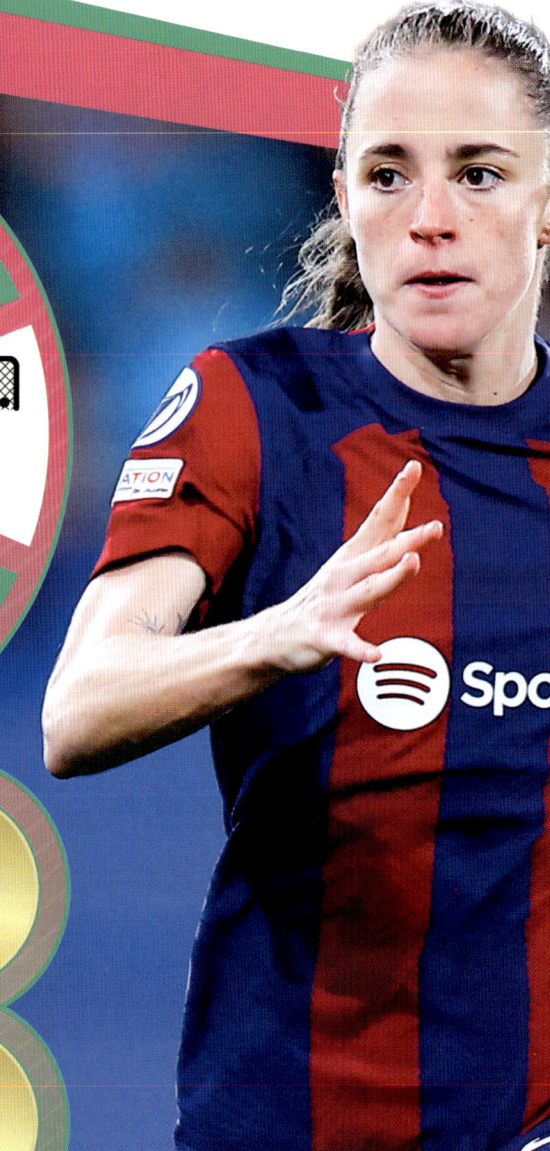

MILLIE BRIGHT

Después de pasar casi toda su carrera en el centro del campo, Millie Bright se convirtió en defensa central, posición en la que sus potentes cabezazos y sus interceptaciones la hacen inmensa. También es una líder brillante en el campo.

NACIONALIDAD
Inglesa

CLUB ACTUAL
Chelsea

F. NACIMIENTO	21/08/1993
POSICIÓN	CENTRAL
ESTATURA	1,75 M
DEBUT	2009
PIE PREFERIDO	DERECHO

APARICIONES
60

BLOQUEOS
24

INTERCEPTACIONES
87

DUELOS AÉREOS GANADOS
69,0%

PENALTIS MARCADOS
0

GOLES
3

PASES COMPLETADOS
86,5%

PASES
4244

DESPEJES
223

ENTRADAS
81

PALMARÉS EN CLUBES
- Women's Super League: 2015, 2018, 2020, 2021, 2022, 2023, 2024, 2025
- UEFA Women's Champions League: Subcampeona 2021
- Women's FA Cup: 2015, 2018, 2021, 2022, 2023, 2024, 2025
- Women's FA League Cup: 2020, 2021, 2025

PALMARÉS INTERNACIONAL
- Campeonato de Europa Femenino de la UEFA: 2022
- Copa Mundial Femenina de la FIFA: Subcampeona 2023

ÁREAS DE ACTIVIDAD

9

NACIONALIDAD
Inglesa

CLUB ACTUAL
Chelsea

LUCY BRONZE

Desde hace más de una década, Lucy Bronze está entre las mejores laterales del fútbol mundial. Es conocida por su energía, sus entradas limpias y sus irrupciones por la derecha. Además, tiene facilidad para marcar goles de cabeza cuando se saca una falta o un córner.

F. NACIMIENTO	28/10/1991
POSICIÓN	LATERAL DCHA.
ESTATURA	1,72 M
DEBUT	2007
PIE PREFERIDO	DERECHO

BLOQUEOS
15

APARICIONES
87

INTERCEPTACIONES
147

PENALTIS MARCADOS
0

DUELOS AÉREOS GANADOS
66,4%

PASES COMPLETADOS
82,5%

GOLES
8

PASES
4570

DESPEJES
120

ENTRADAS
153

PALMARÉS EN CLUBES
⚽ Liga F: 2023, 2024 ⚽ UEFA Women's Champions League: 2023, 2024 (todas con Barça), 2018*, 2019*, 2020* (*Lyon), 2024 (Barça) ⚽ Division 1 Féminine: 2018, 2019, 2020 (todas con Lyon) ⚽ WSL: 2013, 2014* (*Liverpool), 2016, (Manchester City), 2025 ⚽ Women's FA Cup: 2025 ⚽ Coupe de France Féminine: 2019, 2020 (todas con Lyon)

PALMARÉS INTERNACIONAL
⚽ Campeonato de Europa Femenino de la UEFA: 2022, 2025
⚽ Copa Mundial Femenina de la FIFA: Subcampeona 2023
⚽ Women's Finalissima: 2023

ÁREAS DE ACTIVIDAD

OLGA CARMONA

Marcar los goles de la victoria en la semifinal y la final de la Copa Mundial Femenina de la FIFA en 2023 catapultó a Olga Carmona el estrellato mundial. Cuando Carmona, una defensa con estilo, roba el balón a una rival, lo más probable es que salga con el balón hacia delante y ponga a prueba a la portera o elija bien a una compañera de equipo.

NACIONALIDAD
Española

CLUB ACTUAL
Paris Saint-Germain

77

F. NACIMIENTO	06/12/2000
POSICIÓN	LATERAL IZDA.
ESTATURA	1,60 M
DEBUT	2017
PIE PREFERIDO	IZQUIERDO

APARICIONES
97

INTERCEPTACIONES
130

BLOQUEOS
9

DUELOS AÉREOS GANADOS
45,2%

PASES COMPLETADOS
79,3%

GOLES
17

PENALTIS MARCADOS
9

PASES
3831

DESPEJES
73

ENTRADAS
198

PALMARÉS EN CLUBES
⚽ Nada hasta la fecha

PALMARÉS INTERNACIONAL
⚽ Copa Mundial Femenina de la FIFA: 2023
⚽ UEFA Women's Nations League: 2024
⚽ Campeonato de Europa Femenino de la UEFA: Subcampeona 2025

ÁREAS DE ACTIVIDAD

NACIONALIDAD
Australiana

CLUB ACTUAL
Chelsea

ELLIE CARPENTER

Ellie Carpenter, siempre fiable atrás, puede detener ataques en su área a gran velocidad. También se le da bien desbordar y sacar a las rivales de su posición, lo que la convierte en una amenaza en la zona de ataque del campo.

F. NACIMIENTO	28/04/2000
POSICIÓN	LATERAL DCHA.
ESTATURA	1,64 M
DEBUT	2015
PIE PREFERIDO	DERECHO

BLOQUEOS
7

APARICIONES
64

INTERCEPTACIONES
48

DUELOS AÉREOS GANADOS
26,0%

PASES COMPLETADOS
86,0%

PENALTIS MARCADOS
0

GOLES
2

PASES
2962

DESPEJES
50

ENTRADAS
109

PALMARÉS EN CLUBES
⚽ Première Ligue (Division 1 Féminine): 2022, 2023, 2024, 2025
⚽ UEFA Women's Champions League: 2020, 2022, subcampeona 2024 ⚽ Coupe de France Féminine: 2020, 2023 ⚽ A-League Premiership: 2020 (Melbourne City) ⚽ A-League Championship: 2020 (Melbourne City)

PALMARÉS INTERNACIONAL
⚽ Nada hasta la fecha

ÁREAS DE ACTIVIDAD

JESS CARTER

La versatilidad de Jess Carter hace que pueda jugar por toda la línea defensiva e incluso en el centro del campo. Sólida en la posesión y con una aceleración rápida, disfruta las disputas con delanteras altas y extremos rápidas, y gana esos duelos la mayoría de las veces.

NACIONALIDAD
Inglesa

CLUB ACTUAL
Gotham FC

27

F. NACIMIENTO	27/10/1997
POSICIÓN	CENTRAL
ESTATURA	1,65 M
DEBUT	2013
PIE PREFERIDO	DERECHO

APARICIONES
76

INTERCEPTACIONES
83

BLOQUEOS
30

DUELOS AÉREOS GANADOS
53,4%

PASES COMPLETADOS
85,5%

GOLES
2

PENALTIS MARCADOS
0

PASES
3729

DESPEJES
211

ENTRADAS
151

PALMARÉS EN CLUBES
⚽ Women's Super League: 2020, 2021, 2022, 2023, 2024 (todas con Chelsea) ⚽ UEFA Women's Champions League: Subcampeona 2021 (Chelsea) ⚽ Women's FA Cup: 2021, 2022, 2023 (todas con Chelsea) ⚽ Women's FA League Cup: 2020, 2021 (todas con Chelsea)

PALMARÉS INTERNACIONAL
⚽ Campeonato de Europa Femenino de la UEFA: 2022, 2025
⚽ Copa Mundial Femenina de la FIFA: Subcampeona 2023
⚽ Women's Finalissima: 2023

ÁREAS DE ACTIVIDAD

NACIONALIDAD
Australiana

CLUB ACTUAL
Arsenal

STEPH CATLEY

La australiana Steph Catley es muy dinámica en la banda izquierda. Suele hacerse con el balón en posiciones muy defensivas y abre el juego con facilidad o hace un pase genial al otro lado del campo. Sus tiros en jugadas a balón parado terminan a menudo en ocasiones de gol.

F. NACIMIENTO	26/01/1994
POSICIÓN	LATERAL IZDA.
ESTATURA	1,71 M
DEBUT	2009
PIE PREFERIDO	IZQUIERDO

BLOQUEOS
22

APARICIONES
76

INTERCEPTACIONES
35

DUELOS AÉREOS GANADOS
51,1%

PASES COMPLETADOS
88,0%

PENALTIS MARCADOS
0

GOLES
2

PASES
3629

DESPEJES
161

ENTRADAS
73

PALMARÉS EN CLUBES
⚽ UEFA Women's Champions League: 2025 ⚽ A-League Championship: 2014 (Melbourne Victory), 2016, 2017, 2018, 2020 (todas con Melbourne City) ⚽ A-League Premiership: 2016, 2020 (Melbourne City) ⚽ Women's FA Cup: 2023 ⚽ Women's FA League Cup: 2023, 2024

PALMARÉS INTERNACIONAL
⚽ Nada hasta la fecha

ÁREAS DE ACTIVIDAD

14

NIAMH CHARLES

Disciplinada atrás y con grandes dotes de liderazgo, Niamh Charles es una roca firme en la defensa. Es capaz de jugar en los dos flancos, es conocida por los pases y los cambios de banda con ambos pies y por lanzarse por el interior o recorrer la línea de banda a toda velocidad para montar ataques.

NACIONALIDAD
Inglesa

CLUB ACTUAL
Chelsea

21

F. NACIMIENTO	21/06/1999
POSICIÓN	LATERAL
ESTATURA	1,72 M
DEBUT	2016
PIE PREFERIDO	DERECHO

APARICIONES
77

BLOQUEOS
11

INTERCEPTACIONES
84

PENALTIS MARCADOS
0

DUELOS AÉREOS GANADOS
68,1%

PASES COMPLETADOS
79,7%

GOLES
7

PASES
3380

DESPEJES
105

ENTRADAS
167

PALMARÉS EN CLUBES
⚽ Women's Super League: 2021, 2022, 2023, 2024, 2025
⚽ UEFA Women's Champions League: Subcampeona 2021
⚽ Women's FA Cup: 2021, 2022, 2023, 2025
⚽ Women's FA League Cup: 2021, 2025

PALMARÉS INTERNACIONAL
⚽ Copa Mundial Femenina de la FIFA: Subcampeona 2023
⚽ Women's Finalissima: 2023
⚽ Campeonato de Europa Femenino de la UEFA: 2025

ÁREAS DE ACTIVIDAD

5

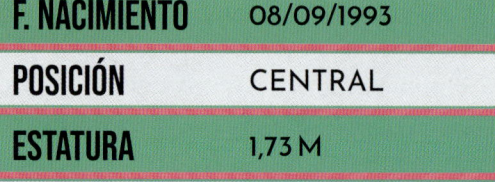

NACIONALIDAD
Sueca

CLUB ACTUAL
Bayern de Múnich

MAGDALENA ERIKSSON

De algún modo, Magdalena Eriksson mejora temporada tras temporada para aumentar su reputación como defensa central de élite. Es tranquila cuando tiene el balón, fuerte en el juego aéreo y capaz de hacer pases muy precisos que rompen la defensa rival.

F. NACIMIENTO	08/09/1993
POSICIÓN	CENTRAL
ESTATURA	1,73 M
DEBUT	2011
PIE PREFERIDO	IZQUIERDO

APARICIONES
60

BLOQUEOS
27

INTERCEPTACIONES
61

PENALTIS MARCADOS
0

DUELOS AÉREOS GANADOS
53,2%

PASES COMPLETADOS
85,7%

GOLES
9

PASES
3556

DESPEJES
146

ENTRADAS
58

PALMARÉS EN CLUBES
⚽ Frauen-Bundesliga: 2024, 2025 ⚽ Women's Super League: 2018, 2020, 2021, 2022, 2023 (todas con Chelsea) ⚽ DFB-Pokal Frauen: 2025 ⚽ Women's FA Cup: 2018, 2021, 2022, 2023 (todas con Chelsea) ⚽ UEFA Women's Champions League: Subcampeona 2021 (Chelsea)

PALMARÉS INTERNACIONAL
⚽ Copa Mundial Femenina de la FIFA: Tercer puesto 2019, tercer puesto 2023
⚽ Juegos Olímpicos: Plata 2016, plata 2020 (2021)

ÁREAS DE ACTIVIDAD

EMILY FOX

Emily Fox llegó a la WSL en 2024, elevando sus ya altos estándares a alturas aún mayores. Fuerte en las entradas y segura en el juego aéreo a la hora de defender los centros a su área, Fox también hace desdoblamientos en ataque que fuerzan a la oposición en el otro lado del campo.

NACIONALIDAD
Estadounidense

CLUB ACTUAL
Arsenal

2

F. NACIMIENTO	05/12/1998
POSICIÓN	LATERAL DCHA.
ESTATURA	1,65 M
DEBUT	2021
PIE PREFERIDO	DERECHO

APARICIONES
77

BLOQUEOS
12

INTERCEPTACIONES
82

PENALTIS MARCADOS
0

DUELOS AÉREOS GANADOS
53,0%

PASES COMPLETADOS
85,8%

GOLES
6

PASES
4006

DESPEJES
153

ENTRADAS
114

PALMARÉS EN CLUBES
⚽ UEFA Women's Champions League: 2025
⚽ Women's FA League Cup: 2024
⚽ NWSL Challenge Cup: 2023 (North Carolina Courage)

PALMARÉS INTERNACIONAL
⚽ Juegos Olímpicos: Oro 2024
⚽ Campeonato Femenino de CONCACAF: 2022
⚽ Copa Oro W de CONCACAF: 2024

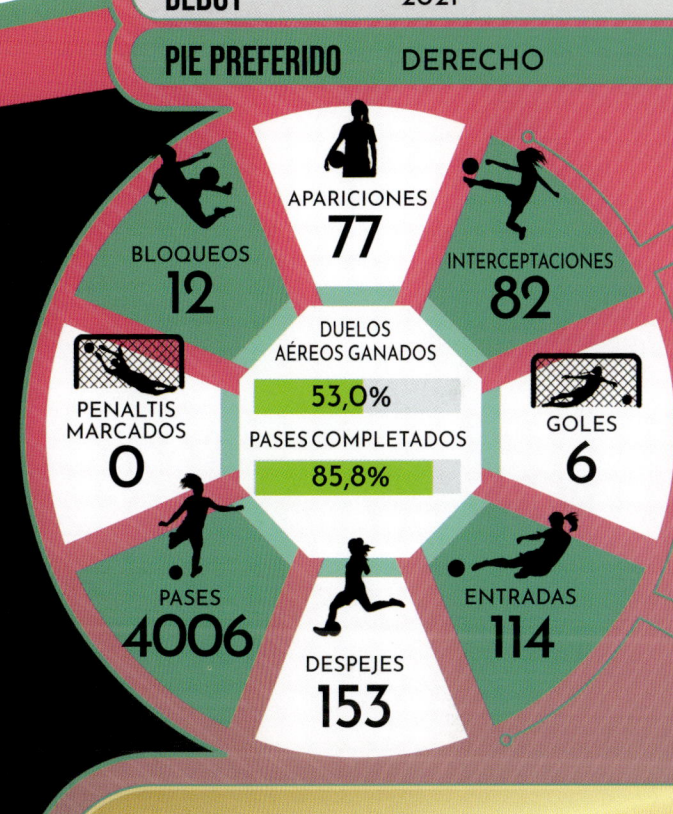

ÁREAS DE ACTIVIDAD

17

NACIONALIDAD
Canadiense

CLUB ACTUAL
Bayern de Múnich

VANESSA GILLES

Ganar los una contra una, superar a las delanteras en los saltos y saber exactamente dónde hacer una entrada son algunas de las habilidades clave de Vanessa Gilles. La fuerza de la parte superior de su cuerpo y su enfoque atrevido respecto a la defensa hacen que sea una barrera formidable en su club y su selección.

F. NACIMIENTO	11/03/1996
POSICIÓN	CENTRAL
ESTATURA	1,74 M
DEBUT	2017
PIE PREFERIDO	DERECHO

BLOQUEOS
42

APARICIONES
83

INTERCEPTACIONES
111

DUELOS AÉREOS GANADOS
72,0%

PASES COMPLETADOS
87,8%

PENALTIS MARCADOS
0

GOLES
20

PASES
4913

DESPEJES
289

ENTRADAS
109

PALMARÉS EN CLUBES
⚽ Division 1 Féminine: 2023, 2024, 2025 (todas con Lyon)
⚽ Coupe de France Féminine: 2023 (Lyon)
⚽ UEFA Women's Champions League: Subcampeona 2024 (Lyon)

PALMARÉS INTERNACIONAL
⚽ Juegos Olímpicos: Oro 2020 (2021)

ÁREAS DE ACTIVIDAD

NAOMI GIRMA

Naomi Girma ha tenido un ascenso rápido en el mundo del fútbol. Lee el juego con brillantez, sabe cuándo dar un paso adelante y crear dificultades y eso hace que sea difícil de batir tanto en el suelo como en el juego aéreo. Su rendimiento consistente le ha valido el premio a la Defensa del Año de la NWSL dos temporadas antes de irse a la WSL en 2025.

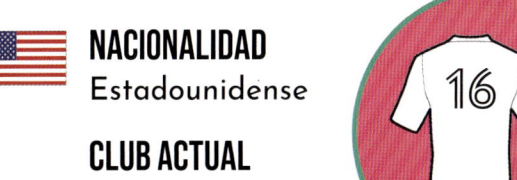

NACIONALIDAD
Estadounidense

CLUB ACTUAL
Chelsea

16

F. NACIMIENTO	14/06/2000
POSICIÓN	CENTRAL
ESTATURA	1,68 M
DEBUT	2022
PIE PREFERIDO	DERECHO

APARICIONES
68

BLOQUEOS
59

INTERCEPTACIONES
65

PENALTIS MARCADOS
0

DUELOS AÉREOS GANADOS
51,6%

PASES COMPLETADOS
88,5%

GOLES
0

PASES
3897

DESPEJES
306

ENTRADAS
101

PALMARÉS EN CLUBES
⚽ NWSL Shield: 2023 (San Diego Wave)
⚽ NWSL Challenge Cup: 2024 (San Diego Wave)
⚽ Women's Super League: 2025
⚽ Women's FA Cup: 2025

PALMARÉS INTERNACIONAL
⚽ Copa Oro W de CONCACAF: 2024
⚽ Campeonato Femenino de CONCACAF: 2022
⚽ Juegos Olímpicos: Oro 2024

ÁREAS DE ACTIVIDAD

7

CLUB ACTUAL
Bayern de Múnich

GUILIA GWINN

Tras lograr el premio a la Mejor Jugadora Joven en la Copa Mundial Femenina de 2019, ha seguido mejorando tanto para su club como para su país. Una presencia sólida y hábil en defensa, Gwinn también tiene la capacidad para iniciar contraataques rápidos por la banda.

F. NACIMIENTO	01/07/1999
POSICIÓN	LATERAL DCHA.
ESTATURA	1,72 M
DEBUT	2015
PIE PREFERIDO	DERECHO

APARICIONES
55

BLOQUEOS
4

INTERCEPTACIONES
52

DUELOS AÉREOS GANADOS
43,3%

PENALTIS MARCADOS
1

PASES COMPLETADOS
80,6%

GOLES
6

PASES
2386

DESPEJES
71

ENTRADAS
114

PALMARÉS EN CLUBES
⚽ Frauen-Bundesliga: 2021, 2023, 2024, 2025
⚽ DFB-Pokal Frauen: 2025

PALMARÉS INTERNACIONAL
⚽ Campeonato de Europa Femenino de la UEFA: Subcampeona 2022
⚽ Juegos Olímpicos: Bronce 2024
⚽ UEFA Women's Nations League: Tercer puesto 2024

ÁREAS DE ACTIVIDAD

AMANDA ILESTEDT

Amanda Ilestedt es muy difícil de batir en el aire, ya que utiliza su estatura, potencia y técnica impresionante para ganar duelos de cabeza en ambas áreas de penalti. Es difícil robarle el balón y hace que pases complicados parezcan simples. Dejó el Arsenal en 2025 tras dos temporadas.

NACIONALIDAD
Sueca

CLUB ACTUAL
Eintracht Frankfurt

13

F. NACIMIENTO	17/01/1993
POSICIÓN	CENTRAL
ESTATURA	1,78 M
DEBUT	2008
PIE PREFERIDO	DERECHO

APARICIONES
35

BLOQUEOS
18

INTERCEPTACIONES
40

DUELOS AÉREOS GANADOS
56,3%

PASES COMPLETADOS
86,2%

PENALTIS MARCADOS
0

GOLES
1

PASES
1969

DESPEJES
73

ENTRADAS
38

PALMARÉS EN CLUBES
- ⚽ Frauen-Bundesliga: 2021 (Bayern de Múnich)
- ⚽ UEFA Women's Champions League: 2025 (Arsenal)
- ⚽ Coupe de France Féminine: 2022 (PSG)
- ⚽ Damallsvenskan: 2010, 2011, 2013, 2014 (todas con FC Rosengard)

PALMARÉS INTERNACIONAL
- ⚽ Juegos Olímpicos: Plata 2016
- ⚽ Copa Mundial Femenina de la FIFA: Tercer puesto 2019, tercer puesto 2023

ÁREAS DE ACTIVIDAD

21

NACIONALIDAD
Francesa

CLUB ACTUAL
Paris Saint-Germain

SAKINA KARCHAOUI

Sakina Karchaoui, defensa que se enorgullece de mantener su portería a cero, juega como un extremo que supone una amenaza de gol. Sus carreras largas descolocan a las rivales y, entonces, consigue pasar el balón a una compañera en el punto ideal dentro del área.

F. NACIMIENTO	26/01/1996
POSICIÓN	LATERAL IZDA.
ESTATURA	1,60 M
DEBUT	2012
PIE PREFERIDO	IZQUIERDO

APARICIONES
69

BLOQUEOS
7

INTERCEPTACIONES
108

PENALTIS MARCADOS
1

DUELOS AÉREOS GANADOS
53,0%

PASES COMPLETADOS
82,7%

GOLES
8

PASES
4087

DESPEJES
51

ENTRADAS
108

PALMARÉS EN CLUBES
⚽ Coupe de France: 2022, 2024, subcampeona 2025
⚽ UEFA Women's Champions League: 2020 (Lyon)

PALMARÉS INTERNACIONAL
⚽ Nada hasta la fecha

ÁREAS DE ACTIVIDAD

ASHLEY LAWRENCE

Ashley Lawrence es una jugadora de equipo muy valiosa porque puede jugar como lateral izquierda y lateral derecha. Aunque se centra en alejar los peligros de su portería, la defensa también aporta creatividad y clase al equipo con sus carreras rápidas y sus pases cruzados precisos.

NACIONALIDAD
Canadiense

CLUB ACTUAL
Lyon

12

F. NACIMIENTO	11/06/1995
POSICIÓN	DERECHA/IZQUIERDA
ESTATURA	1,68 M
DEBUT	2013
PIE PREFERIDO	DERECHO

APARICIONES
79

INTERCEPTACIONES
43

BLOQUEOS
11

DUELOS AÉREOS GANADOS
38,5%

PASES COMPLETADOS
82,8%

PENALTIS MARCADOS
0

GOLES
3

PASES
2964

ENTRADAS
113

DESPEJES
50

PALMARÉS EN CLUBES
⚽ Women's Super League: 2024, 2025 ⚽ Division 1 Féminine: 2021 (PSG) ⚽ Coupe de France: 2018, 2022 (todas con PSG) ⚽ UEFA Women's Champions League: Subcampeona 2017 (PSG) ⚽ Women's FA Cup: 2025 ⚽ FA Women's League Cup: 2025

PALMARÉS INTERNACIONAL
⚽ Juegos Olímpicos: Oro 2020 (2021)

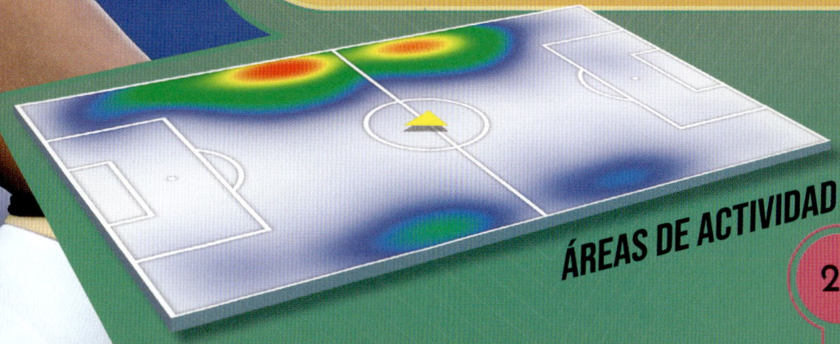

ÁREAS DE ACTIVIDAD

NACIONALIDAD
Española

CLUB ACTUAL
Barcelona

4

F. NACIMIENTO	13/06/1995
POSICIÓN	CENTRAL
ESTATURA	1,70 M
DEBUT	2009
PIE PREFERIDO	IZQUIERDO

MAPI LEÓN

Mapi León, central dura que presenta batallas difíciles pero limpias con la cabeza y los pies, es una líder en la defensa. Presiona mucho y tiene seguridad a la hora de controlar su línea e iniciar ataques con pases importantes con el pie izquierdo.

APARICIONES
84

BLOQUEOS
13

INTERCEPTACIONES
85

DUELOS AÉREOS GANADOS
52,3%

PASES COMPLETADOS
91,1%

PENALTIS MARCADOS
0

GOLES
9

PASES
7128

ENTRADAS
95

DESPEJES
73

PALMARÉS EN CLUBES
⚽ Liga F: 2017 (Atlético de Madrid) 2020, 2021, 2022, 2023, 2024, 2025 ⚽ UEFA Women's Champions League: 2021, 2023, 2024, subcampeona 2025 ⚽ Copa de la Reina: 2016 (Atlético de Madrid), 2018, 2020, 2021, 2022, 2024, 2025

PALMARÉS INTERNACIONAL
⚽ Nada hasta la fecha

ÁREAS DE ACTIVIDAD

KATIE MCCABE

Además de su solidez en defensa, Katie McCabe está dotada de la técnica y la determinación para cubrir gran parte del campo. Sus carreras hacia delante se producen en los momentos oportunos, y no hay muchas jugadoras que chuten con la zurda de forma tan exquisita.

 **NACIONALIDAD**
Irlandesa (R. de Irlanda)

CLUB ACTUAL
Arsenal

F. NACIMIENTO	21/09/1995
POSICIÓN	LATERAL IZDA.
ESTATURA	1,68 M
DEBUT	2011
PIE PREFERIDO	IZQUIERDO

APARICIONES
83

BLOQUEOS
12

INTERCEPTACIONES
64

DUELOS
AÉREOS GANADOS
35,8%

PASES COMPLETADOS
82,6%

PENALTIS
MARCADOS
0

GOLES
7

PASES
3628

ENTRADAS
133

DESPEJES
90

PALMARÉS EN CLUBES
⚽ Women's Super League: 2019
⚽ UEFA Women's Champions League: 2025
⚽ Women's FA Cup: 2016
⚽ Women's FA League Cup: 2018, 2023, 2024

PALMARÉS INTERNACIONAL
⚽ Nada hasta la fecha

ÁREAS DE ACTIVIDAD

2

NACIONALIDAD
Española

CLUB ACTUAL
Barcelona

IRENE PAREDES

Pocas jugadoras son mejores que Irene Paredes a la hora de hacer una interceptación oportuna y utilizar estilo y visión para pasar el balón a una compañera de equipo en posición de ataque. La central dominadora utiliza su complexión para controlar su zona defensiva y conectar con las esquinas del lado contrario.

F. NACIMIENTO	04/07/1991
POSICIÓN	CENTRAL
ESTATURA	1,78 M
DEBUT	2008
PIE PREFERIDO	DERECHO

APARICIONES
94

INTERCEPTACIONES
106

BLOQUEOS
26

DUELOS AÉREOS GANADOS
71,7%

PASES COMPLETADOS
91,3%

GOLES
8

PENALTIS MARCADOS
0

PASES
6215

DESPEJES
125

ENTRADAS
92

PALMARÉS EN CLUBES
⚽ Liga F: 2016 (Athletic de Bilbao), 2022, 2023, 2024, 2025
⚽ UEFA Women's Champions League: 2023, 2024, subcampeona 2025 ⚽ Copa de la Reina: 2022, 2024, 2025 ⚽ Division 1 Féminine: 2018 (PSG) ⚽ Coupe de France Féminine: 2018 (PSG)

PALMARÉS INTERNACIONAL
⚽ Copa Mundial Femenina de la FIFA: 2023
⚽ UEFA Women's Nations League: 2024
⚽ Campeonato de Europa Femenino de la UEFA: Subcampeona 2025

ÁREAS DE ACTIVIDAD

WENDIE RENARD

La altísima Wendie Renard tiene un palmarés acorde a su estatus como jugadora de primera clase. Usa su estatura y sus habilidades atléticas para defender su portería y se mueve como una velocista cuando tiene que retroceder o perseguir. Lleva más de una década siendo decisiva para ganar partidos tanto con su club como con su selección.

NACIONALIDAD
Francesa

CLUB ACTUAL
Lyon

3

F. NACIMIENTO	20/07/1990
POSICIÓN	CENTRAL
ESTATURA	1,87 M
DEBUT	2006
PIE PREFERIDO	DERECHO

APARICIONES
75

BLOQUEOS
19

INTERCEPTACIONES
95

DUELOS
AÉREOS GANADOS
80,4%

PASES COMPLETADOS
87,9%

PENALTIS
MARCADOS
4

GOLES
21

PASES
4540

DESPEJES
164

ENTRADAS
75

PALMARÉS EN CLUBES
⚽ Première Ligue (Division 1 Féminine): 2007–2025 (x18)
⚽ UEFA Women's Champions League: 2011, 2012, 2016, 2017, 2018, 2019, 2020, 2022, subcampeona, 2024
⚽ Coupe de France: 2008, 2012–2017, 2019, 2020, 2023

PALMARÉS INTERNACIONAL
⚽ Nada hasta la fecha

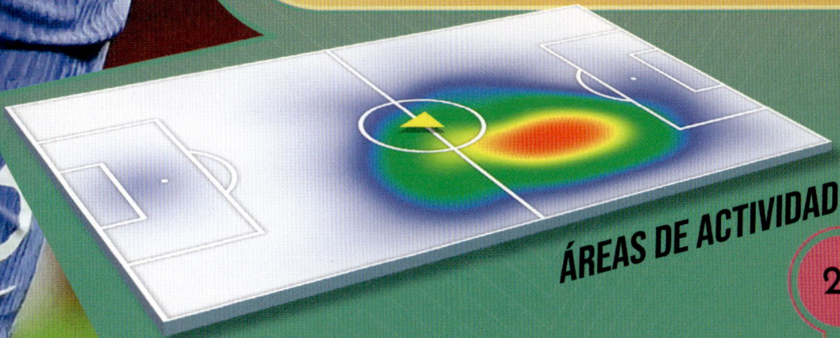

ÁREAS DE ACTIVIDAD

13

NACIONALIDAD
Neozelandesa

CLUB ACTUAL
Melbourne City

REBEKAH STOTT

Con más de una centena de apariciones en partidos internacionales y de la A-League (antes llamada W-League), Rebekah Stott siempre tiene actuaciones decisivas. Es excelente a la hora de leer las jugadas y a eso le suma sus pases de máxima calidad cuando tiene el balón en los pies.

F. NACIMIENTO	17/06/1993
POSICIÓN	CENTRAL
ESTATURA	1,72 M
DEBUT	2010
PIE PREFERIDO	DERECHO

BLOQUEOS
34

APARICIONES
49

INTERCEPTACIONES
92

DUELOS AÉREOS GANADOS
43,5%

PASES COMPLETADOS
85,2%

PENALTIS MARCADOS
0

GOLES
1

PASES
3630

DESPEJES
193

ENTRADAS
76

PALMARÉS EN CLUBES
⚽ A-League Championship: 2011 (Brisbane Roar), 2016, 2017, 2018, 2020
⚽ A-League Premiership: 2016, 2020

PALMARÉS INTERNACIONAL
⚽ Nada hasta la fecha

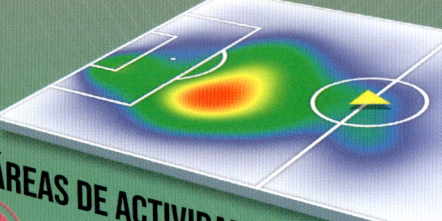

ÁREAS DE ACTIVIDAD

MARTA TORREJÓN

Jugadora del Barcelona desde 2013, Marta Torrejón es un miembro valioso del equipo porque puede jugar en cualquier posición de la defensa. Ya sea sacando balones de cabeza como defensa central o atacando como lateral, su impacto ha llevado al Barça al éxito nacional y europeo en las últimas temporadas.

NACIONALIDAD
Española

CLUB ACTUAL
Barcelona

F. NACIMIENTO	27/02/1990
POSICIÓN	CENTRAL
ESTATURA	1,71 M
DEBUT	2004
PIE PREFERIDO	DERECHO

APARICIONES
98

BLOQUEOS
9

INTERCEPTACIONES
64

PENALTIS MARCADOS
0

DUELOS AÉREOS GANADOS
69,9%

PASES COMPLETADOS
90,4%

GOLES
15

PASES
4538

DESPEJES
53

ENTRADAS
53

PALMARÉS EN CLUBES
⚽ Liga F: 2006 (Espanyol), 2014, 2015, 2020, 2021, 2022, 2023, 2024, 2025 ⚽ UEFA Women's Champions League: 2021, 2023, 2024, subcampeona 2025 ⚽ Copa de la Reina: 2006, 2009, 2010, 2012 (todas con Espanyol), 2014, 2017, 2018, 2020, 2021, 2022, 2024, 2025

PALMARÉS INTERNACIONAL
⚽ Nada hasta la fecha

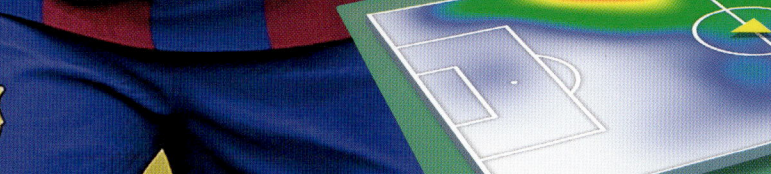

ÁREAS DE ACTIVIDAD

4

NACIONALIDAD
Islandesa

CLUB ACTUAL
Bayern de Múnich

GLÓDÍS VIGGÓSDÓTTIR

Con el brazalete de capitana del Bayern de Múnich y como eje de su defensa, Glódís Viggósdóttir tiene un rendimiento constante de muy alto nivel. Combina sus habilidades defensivas inteligentes con una cabeza fría a la hora de sacar el balón de su campo.

F. NACIMIENTO	27/06/1995
POSICIÓN	CENTRAL
ESTATURA	1,73 M
DEBUT	2009
PIE PREFERIDO	DERECHO

APARICIONES
81

BLOQUEOS
67

INTERCEPTACIONES
85

PENALTIS MARCADOS
0

DUELOS AÉREOS GANADOS
67,4%

PASES COMPLETADOS
89,2%

GOLES
7

PASES
6752

DESPEJES
286

ENTRADAS
100

PALMARÉS EN CLUBES
⚽ Frauen-Bundesliga: 2023, 2024, 2025
⚽ DFB-Pokal Frauen: 2025
⚽ Damallsvenskan: 2019 (FC Rosengard)

PALMARÉS INTERNACIONAL
⚽ Nada hasta la fecha

ÁREAS DE ACTIVIDAD

LEAH WILLIAMSON

Leah Williamson tiene un cerebro impresionante para el fútbol. Puede sentir el peligro y colocarse en las mejores posiciones para enfrentarse incluso a las delanteras más listas. Además, su capacidad atlética le permite llegar primero al balón y puede crear jugadas con inteligencia desde la defensa.

 **NACIONALIDAD**
Inglesa

CLUB ACTUAL
Arsenal

F. NACIMIENTO	29/06/1997
POSICIÓN	CENTRAL
ESTATURA	1,70 M
DEBUT	2014
PIE PREFERIDO	DERECHO

APARICIONES
55

BLOQUEOS
19

INTERCEPTACIONES
58

DUELOS
AÉREOS GANADOS
55,9%

 PENALTIS
MARCADOS
0

PASES COMPLETADOS
84,2%

 GOLES
3

PASES
4018

DESPEJES
126

ENTRADAS
65

PALMARÉS EN CLUBES
⚽ Women's Super League: 2019
⚽ UEFA Women's Champions League: 2025
⚽ Women's FA Cup: 2014, 2016
⚽ Women's FA League Cup: 2015, 2018, 2023, 2024

PALMARÉS INTERNACIONAL
⚽ Campeonato de Europa Femenino de la UEFA: 2022, 2025
⚽ Women's Finalissima: 2023

ÁREAS DE ACTIVIDAD

31

CENTROCAMPISTAS

Ya sea realizando tareas defensivas como creadoras de juego o trabajando justo detrás de las delanteras, las centrocampistas son cruciales para el éxito de su equipo. Una centrocampista debe ser sólida a nivel técnico, pensar con rapidez y tener una buena forma física que le permita cubrir grandes distancias durante un partido. Las centrocampistas defensivas protegen su área con fuerza e interceptaciones oportunas. Las creadoras de juego tienen una mentalidad más centrada en el ataque y su labor es crear ocasiones de gol. Las centrocampistas pueden incluso jugar cerca de las delanteras en un papel que a las rivales les resulta difícil seguir y contrarrestar.

¿QUÉ SIGNIFICAN ESTAS ESTADÍSTICAS?

ASISTENCIAS
Un pase centro o cabezazo a una compañera de equipo que después marca cuenta como asistencia, Esta estadística incluye también los tiros desviados que convierte una compañera.

TIROS
Cualquier disparo deliberado a la portería cuenta como un tiro, No hace falta que vaya a puerta ni que obligue a la portera a hacer una parada.

OCASIONES CREADAS
Cualquier pase que tenga como resultado un tiro a portería (tanto si se marca gol como si no) se considera una ocasión creada.

ENTRADAS
Es el número de veces que la jugadora ha obstaculizado y quitado el balón a la oponente sin cometer falta.

REGATES
Es el número de veces que una jugadora se ha ido de una rival corriendo con la pelota.

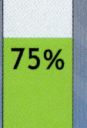
PASES CON ÉXITO
75%
Muestra como porcentaje el éxito que ha tenido la centrocampista a la hora de encontrar a compañeras de equipo con sus pases.

¿Lo sabías?

En la Copa Mundial Femenina de la FIFA de 2023 las centrocampistas *top* recorrieron más de 77 km en total durante sus apariciones en el torneo.

14

NACIONALIDAD
Española

CLUB ACTUAL
Barcelona

AITANA BONMATÍ

Aitana Bonmatí, que cuenta con múltiples premios a nivel de club e individual, puede marcar y crear ocasiones a partir de la más mínima oportunidad. Tiene un control exquisito, hace regates increíbles y es conocida por sus centros precisos. Puede cambiar el desarrollo de un partido en los encuentros importantes.

F. NACIMIENTO	18/01/1998
POSICIÓN	MEDIOCENTRO OFENSIVA
ESTATURA	1,62 M
DEBUT	2014
PIE PREFERIDO	DERECHO

APARICIONES
106

REGATES
267

ASISTENCIAS
44

PASES
5633

PASES CON ÉXITO
87,8%

GOLES
43

PENALTIS MARCADOS
0

TIROS
285

OCASIONES CREADAS
258

ENTRADAS
106

PALMARÉS EN CLUBES
⚽ Liga F: 2020, 2021, 2022, 2023, 2024, 2025
⚽ UEFA Women's Champions League: 2021, 2023, 2024, subcampeona 2025
⚽ Copa de la Reina: 2017, 2018, 2020, 2021, 2022, 2024, 2025

PALMARÉS INTERNACIONAL
⚽ Copa Mundial Femenina de la FIFA: 2023
⚽ UEFA Women's Nations League: 2024
⚽ Campeonato de Europa Femenino de la UEFA: Subcampeona 2025

ÁREAS DE ACTIVIDAD

DELPHINE CASCARINO

En un papel de ataque por la derecha, pocas jugadoras pueden igualar la velocidad, habilidad y resolución de Delphine Cascarino. Tiene un arsenal de trucos y toques para superar a las defensas y encontrar a alguna compañera con centros con efecto o pases en profundidad. También es capaz de marcar.

NACIONALIDAD
Francesa

CLUB ACTUAL
San Diego Wave

20

F. NACIMIENTO	05/02/1997
POSICIÓN	EXTREMO
ESTATURA	1,64 M
DEBUT	2015
PIE PREFERIDO	DERECHO

APARICIONES
55

ASISTENCIAS
11

REGATES
219

PASES
1404

PENALTIS MARCADOS
0

PASES CON ÉXITO
75,9%

GOLES
13

TIROS
90

OCASIONES CREADAS
83

ENTRADAS
77

PALMARÉS EN CLUBES
⚽ Première Ligue (Division 1 Féminine): 2015–2024 (todas con Lyon) ⚽ UEFA Women's Champions League: 2016, 2017, 2018, 2019, 2020, 2022, subcampeona 2024 (todas con Lyon) ⚽ Coupe de France Féminine: 2015, 2016, 2017, 2019, 2020, 2023 (todas con Lyon)

PALMARÉS INTERNACIONAL
⚽ Nada hasta la fecha

ÁREAS DE ACTIVIDAD

8

NACIONALIDAD
Escocesa

CLUB ACTUAL
Chelsea

ERIN CUTHBERT

Erin Cuthbert llegó a los 50 goles con el Chelsea en 2023. Su tasa de goles, unida a su tasa de trabajo en el centro del campo, significa que tiene un gran rendimiento para el club. Versátil y comprometida con sus entradas, la estrella escocesa es una amenaza para sus rivales de un área a otra.

F. NACIMIENTO	19/07/1998
POSICIÓN	MEDIOCENTRO
ESTATURA	1,59 M
DEBUT	2013
PIE PREFERIDO	DERECHO

APARICIONES
82

ASISTENCIAS
7

REGATES
134

PASES
3186

PASES CON ÉXITO
83,9%

GOLES
18

PENALTIS MARCADOS
0

TIROS
154

OCASIONES CREADAS
89

ENTRADAS
233

PALMARÉS EN CLUBES
⚽ Women's Super League: 2017, 2018, 2020, 2021, 2022, 2023, 2024, 2025 ⚽ Women's FA Cup: 2018, 2021, 2022, 2023, 2025
⚽ UEFA Women's Champions League: Subcampeona 2021
⚽ Women's FA League Cup: 2020, 2021, 2025

PALMARÉS INTERNACIONAL
⚽ Nada hasta la fecha

ÁREAS DE ACTIVIDAD

DEBINHA

A menudo, las rivales tienen que marcar a Debinha de dos en dos para contener las habilidades y arranques hacia delante que la hacen brillar. Ya sea trabajando como mediocentro organizadora o moviéndose hacia las bandas para abrir la defensa en los partidos reñidos, la estrella brasileña tiene el factor X especial en las botas.

NACIONALIDAD
Brasileña

CLUB ACTUAL
Kansas City Current

99

F. NACIMIENTO	20/10/1991
POSICIÓN	MEDIOCENTRO OFENSIVA
ESTATURA	1,57 M
DEBUT	2006
PIE PREFERIDO	DERECHO

APARICIONES
69

ASISTENCIAS
12

REGATES
272

PASES
1905

PENALTIS MARCADOS
3

PASES CON ÉXITO
73,3%

GOLES
30

TIROS
174

OCASIONES CREADAS
126

ENTRADAS
96

PALMARÉS EN CLUBES
⚽ NWSL Championship: 2018, 2019 (todas con North Carolina Courage) ⚽ NWSL Shield: 2017, 2018, 2019 (todas con North Carolina Courage) ⚽ NWSL Challenge Cup: 2022 (North Carolina Courage)

PALMARÉS INTERNACIONAL
⚽ Copa América Femenina: 2018, 2022

ÁREAS DE ACTIVIDAD

37

6

NACIONALIDAD
Haitiana

CLUB ACTUAL
Lyon

MELCHIE DUMORNAY

Melchie Dumornay brilla como centrocampista adaptable y ofensiva que puede dar pases y adentrarse sin marcaje en el área de penalti. En la Women's Champions League del año pasado marcó cuatro goles e hizo dos asistencias en sus primeros siete partidos para demostrar su valor como fuerza de ataque.

F. NACIMIENTO	17/08/2003
POSICIÓN	MEDIOCENTRO OFENSIVA
ESTATURA	1,60 M
DEBUT	2018
PIE PREFERIDO	DERECHO

APARICIONES
64

ASISTENCIAS
23

REGATES
169

PASES
2011

PENALTIS MARCADOS
0

PASES CON ÉXITO
79,3%

GOLES
41

TIROS
229

OCASIONES CREADAS
122

ENTRADAS
58

PALMARÉS EN CLUBES
⚽ Première Ligue (Division 1 Féminine): 2024, 2025

PALMARÉS INTERNACIONAL
⚽ Nada hasta la fecha

ÁREAS DE ACTIVIDAD

GRACE GEYORO

La estrella del Paris Saint-Germain mantiene a su equipo bien situado entre las áreas. Grace Geyoro, que aprovecha los errores y es capaz de generar contraataques con un pase rodado o una carrera explosiva, disfruta de su papel decisivo en el centro del campo. Además, también es excelente en los cabezazos.

NACIONALIDAD
Francesa

CLUB ACTUAL
London City Lionesses

F. NACIMIENTO	02/07/1997
POSICIÓN	MEDIOCENTRO
ESTATURA	1,68 M
DEBUT	2014
PIE PREFERIDO	DERECHO

APARICIONES
79

REGATES
150

ASISTENCIAS
12

PASES
3531

PASES CON ÉXITO
88,4%

PENALTIS MARCADOS
4

GOLES
26

TIROS
107

OCASIONES CREADAS
94

ENTRADAS
117

PALMARÉS EN CLUBES
⚽ Division 1 Féminine: 2021
⚽ Coupe de France Féminine: 2018, 2022, 2024
⚽ UEFA Women's Champions League: Subcampeona 2015, 2017

INTERNATIONAL HONOURS
⚽ Nada hasta la fecha

ÁREAS DE ACTIVIDAD

12

NACIONALIDAD
Española

CLUB ACTUAL
Barcelona

PATRI GUIJARRO

Patri Guijarro se coloca en el centro del campo, lista para generar ataques y hacer que su equipo avance. Muy limpia en los enfrentamientos, ejecuta pases perfectos con el pie derecho y su técnica para los tiros desde lejos es de las mejores.

F. NACIMIENTO	17/05/1998
POSICIÓN	MEDIOCENTRO
ESTATURA	1,71 M
DEBUT	2012
PIE PREFERIDO	DERECHO

ASISTENCIAS
30

APARICIONES
107

REGATES
108

PENALTIS MARCADOS
0

PASES
7882

PASES CON ÉXITO
87,2%

GOLES
23

TIROS
212

OCASIONES CREADAS
183

ENTRADAS
163

PALMARÉS EN CLUBES
⚽ Liga F: 2020, 2021, 2022, 2023, 2024, 2025
⚽ UEFA Women's Champions League: 2021, 2023, 2024, subcampeona 2025
⚽ Copa de la Reina: 2017, 2018, 2020, 2021, 2024, 2025

PALMARÉS INTERNACIONAL
⚽ Campeonato de Europa Femenino de la UEFA: Subcampeona 2025

ÁREAS DE ACTIVIDAD

YUI HASEGAWA

La tenaz Yui Hasegawa tiene una habilidad natural para proteger a la defensa y ganar la posesión en el centro. Combina su habilidad para las entradas con un instinto para montar ataques, así que no te sorprendas si ves a Hasegawa llevar el balón hacia delante y regatear entre líneas.

 NACIONALIDAD
Japonesa

CLUB ACTUAL
Manchester City

 25

F. NACIMIENTO	29/01/1997
POSICIÓN	MEDIOCENTRO DEFENSIVA
ESTATURA	1,57 M
DEBUT	2013
PIE PREFERIDO	DERECHO

APARICIONES
72

ASISTENCIAS
8

REGATES
123

PASES
4294

PENALTIS MARCADOS
0

PASES CON ÉXITO
89,1%

GOLES
1

TIROS
39

OCASIONES CREADAS
75

ENTRADAS
147

PALMARÉS EN CLUBES
⚽ Nadeshiko League: 2015, 2016, 2017, 2018, 2019 (todas con Tokyo Verdy Beleza)

PALMARÉS INTERNACIONAL
⚽ Copa Asiática Femenina de la AFC: 2018

ÁREAS DE ACTIVIDAD

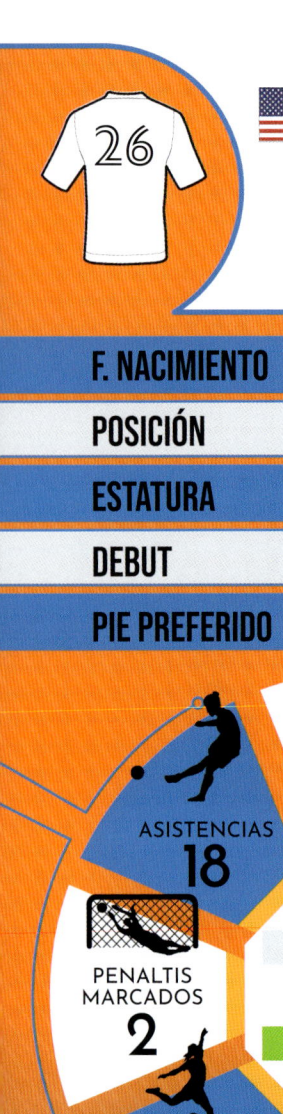

26

NACIONALIDAD
Estadounidense

CLUB ACTUAL
Lyon

LINDSEY HEAPS

Lindsey Heaps (de soltera Horan) es una fuerza creativa en el centro del campo, capaz de atravesar la defensa y situarse en posiciones de delantera. Aunque puede marcar goles por sí misma, a menudo busca en el campo en un segundo cuál es la mejor opción. Le encantan las carreras al área rival en el momento justo.

F. NACIMIENTO	26/05/1994
POSICIÓN	MEDIOCENTRO OFENSIVA
ESTATURA	1,75 M
DEBUT	2012
PIE PREFERIDO	DERECHO

APARICIONES
73

REGATES
122

ASISTENCIAS
18

PASES
3443

PASES CON ÉXITO
84,5%

GOLES
26

PENALTIS MARCADOS
2

TIROS
205

OCASIONES CREADAS
105

ENTRADAS
76

PALMARÉS EN CLUBES
⚽ Première Ligue (Division 1 Féminine) 2022, 2023, 2024, 2025
⚽ UEFA Women's Champions League: 2022, subcampeona 2024
⚽ Coupe de France Féminine: 2023 ⚽ NWSL Champions: 2017 (Portland Thorns) ⚽ NWSL Shield: 2016, 2021 (todas con Portland Thorns) ⚽ NWSL Challenge Cup: 2021 (Portland Thorns FC)

PALMARÉS INTERNACIONAL
⚽ Copa Mundial Femenina de la FIFA: 2019
⚽ Campeonato Femenino de CONCACAF: 2018, 2022
⚽ Copa Oro W de CONCACAF: 2024
⚽ Juegos Olímpicos: Oro 2024

ÁREAS DE ACTIVIDAD

LAUREN HEMP

Jugando por la banda izquierda, Lauren Hemp es una pesadilla para las laterales rivales. Se lanza hacia delante a la menor oportunidad y es muy rápida para superar a las defensas y colocar pases cruciales en el área. Tiene el valor y el físico para imponerse a sus oponentes.

NACIONALIDAD
Inglesa

CLUB ACTUAL
Manchester City

11

F. NACIMIENTO	07/08/2000
POSICIÓN	EXTREMO
ESTATURA	1,64 M
DEBUT	2016
PIE PREFERIDO	IZQUIERDO

APARICIONES
53

ASISTENCIAS
23

REGATES
193

PASES
1569

PENALTIS
MARCADOS
0

PASES
CON ÉXITO
77,4%

GOLES
20

TIROS
161

OCASIONES
CREADAS
140

ENTRADAS
61

PALMARÉS EN CLUBES
⚽ Women's FA Cup: 2019
⚽ Women's FA League Cup 2022

PALMARÉS INTERNACIONAL
⚽ Campeonato de Europa Femenino de la UEFA: 2022, 2025
⚽ Copa Mundial Femenina de la FIFA: Subcampeona 2023
⚽ Women's Finalissima: 2023

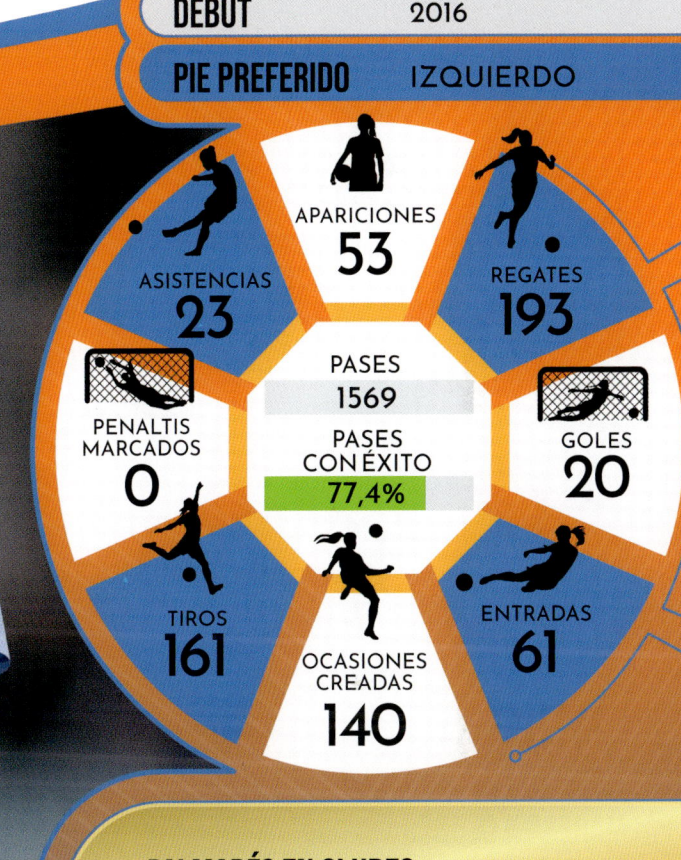

ÁREAS DE ACTIVIDAD

43

10

NACIONALIDAD
Escocesa

CLUB ACTUAL
Arsenal

KIM LITTLE

Modelo de constancia tanto en sus actuaciones como en su deseo de ganar, Kim Little celebró sus 350 apariciones con el Arsenal en 2024 y sigue estando fuerte. Es una centrocampista resuelta y creativa con un buen pie derecho y sabe mantener la cabeza fría en el punto de penalti.

F. NACIMIENTO	29/06/1990
POSICIÓN	MEDIOCENTRO
ESTATURA	1,62 M
DEBUT	2006
PIE PREFERIDO	DERECHO

APARICIONES
69

REGATES
90

ASISTENCIAS
10

PASES
3177

PASES
CON ÉXITO
89,1%

GOLES
7

PENALTIS
MARCADOS
5

TIROS
50

OCASIONES
CREADAS
76

ENTRADAS
84

PALMARÉS EN CLUBES
⚽ Women's Super League: 2011, 2012, 2019 ⚽ Women's FA Cup: 2009, 2011, 2013 ⚽ UEFA Women's Champions League: 2025 ⚽ Women's FA League Cup: 2011, 2012, 2013, 2018, 2023, 2024 ⚽ NWSL Shield: 2014, 2015 (todas con Seattle Reign) ⚽ A-League Champions: 2016 (Melbourne City) ⚽ A-League Premiership: 2016 (Melbourne City)

PALMARÉS INTERNACIONAL
⚽ Nada hasta la fecha

ÁREAS DE ACTIVIDAD

VICKY LÓPEZ

La habilidad, madurez y capacidad para acabar las jugadas de esta adolescente son aterradoras. Cuando ataca, Vicky López tiene la potencia y la capacidad atlética para superar a las defensas y chutar. Además de su talento frente a la portería, su juego de apoyo y su presión son de gran calidad.

NACIONALIDAD
Española

CLUB ACTUAL
Barcelona

19

F. NACIMIENTO	26/06/2006
POSICIÓN	MEDIOCENTRO OFENSIVA
ESTATURA	1,61 M
DEBUT	2021
PIE PREFERIDO	DERECHO

APARICIONES
75

REGATES
154

ASISTENCIAS
6

PASES
2121

PASES CON ÉXITO
84,5%

GOLES
22

PENALTIS MARCADOS
0

TIROS
147

OCASIONES CREADAS
73

ENTRADAS
61

PALMARÉS EN CLUBES
⚽ Liga F: 2023, 2024, 2025
⚽ UEFA Women's Champions League: 2023, 2024, subcampeona 2025
⚽ Copa de la Reina: 2024, 2025

PALMARÉS INTERNACIONAL
⚽ UEFA Women's Nations League: 2024
⚽ Campeonato de Europa Femenino de la UEFA: Subcampeona 2025

ÁREAS DE ACTIVIDAD

45

NACIONALIDAD
Noruega

CLUB ACTUAL
Arsenal

12

FRIDA MAANUM

Cabe esperar ver a Frida Maanum llevando a su equipo hacia delante, desde el centro del campo o en una posición de ataque. Su gran juego de pies le ayuda a vencer en el uno contra uno y no le da miedo chutar desde lejos. Es una de las mejores lanzadoras de faltas de la WSL.

F. NACIMIENTO	16/07/1999
POSICIÓN	MEDIOCENTRO
ESTATURA	1,71 M
DEBUT	2014
PIE PREFERIDO	DERECHO

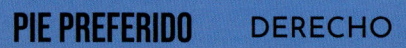

ASISTENCIAS
11

APARICIONES
86

REGATES
133

PENALTIS MARCADOS
0

PASES
2036

PASES CON ÉXITO
80,0%

GOLES
26

TIROS
209

OCASIONES CREADAS
105

ENTRADAS
57

PALMARÉS EN CLUBES
⚽ FA Women's League Cup: 2023, 2024
⚽ UEFA Women's Champions League: 2025

PALMARÉS INTERNACIONAL
⚽ Nada hasta la fecha

ÁREAS DE ACTIVIDAD

HINATA MIYAZAWA

Con su velocidad y sus grandes finalizaciones de jugadas, Hinata Miyazawa realiza un trabajo excepcional apoyando a las delanteras y aumentando las opciones de ataque de su equipo. Hábil con ambos pies, hace pases inteligentes y chuta con facilidad. Fue la máxima goleadora de la Copa Mundial de 2023.

NACIONALIDAD
Japonesa

CLUB ACTUAL
Manchester United

20

F. NACIMIENTO	28/11/1999
POSICIÓN	MEDIOCENTRO OFENSIVA
ESTATURA	1,60 M
DEBUT	2018
PIE PREFERIDO	DERECHO

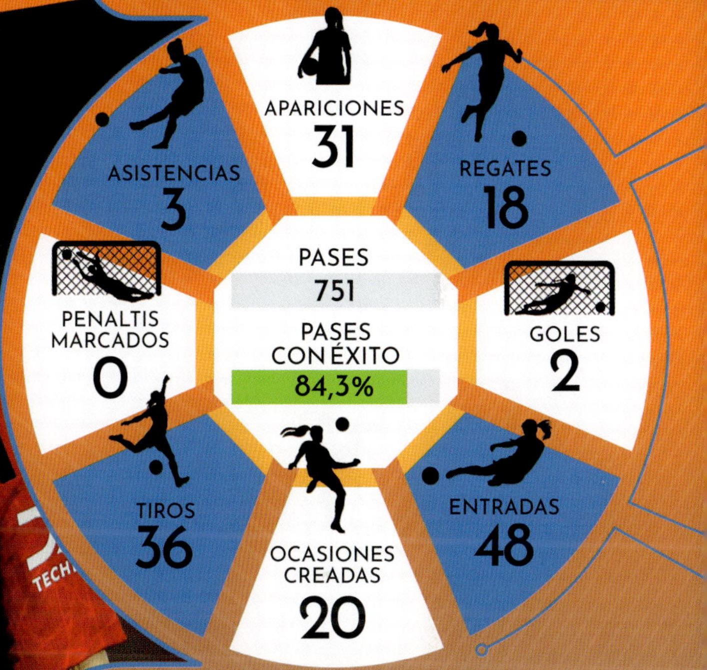

APARICIONES
31

ASISTENCIAS
3

REGATES
18

PASES
751

PASES CON ÉXITO
84,3%

PENALTIS MARCADOS
0

GOLES
2

TIROS
36

OCASIONES CREADAS
20

ENTRADAS
48

PALMARÉS EN CLUBES
⚽ AFC Women's Club Championship: 2019 (Tokyo Verdy Beleza)
⚽ Women's FA Cup: 2024

PALMARÉS INTERNACIONAL
⚽ Nada hasta la fecha

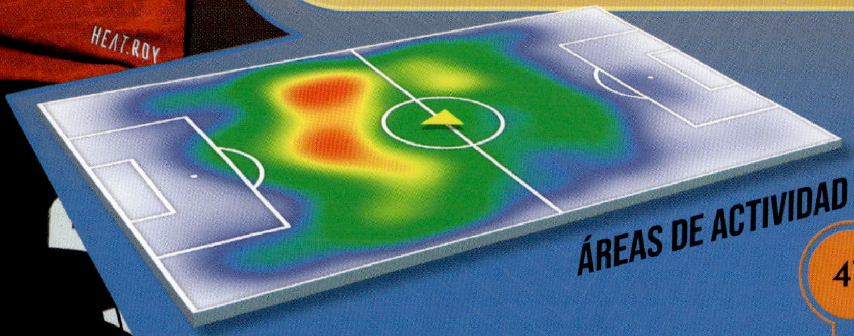

ÁREAS DE ACTIVIDAD

6

NACIONALIDAD
Alemana

CLUB ACTUAL
Chelsea

SJOEKE NÜSKEN

Jugadora clave para su equipo y su selección, ¡Nüsken es de talla mundial! Fuerte y atlética, se desliza de área a área, dominando el centro del campo con sus entradas limpias y sus pases de gran calidad tanto en corto como en largo.

F. NACIMIENTO	22/01/2001
POSICIÓN	MEDIOCENTRO
ESTATURA	1,73 M
DEBUT	2019
PIE PREFERIDO	IZQUIERDO

APARICIONES 81

ASISTENCIAS 8

REGATES 78

PASES 3285

PASES CON ÉXITO 78,7%

GOLES 16

PENALTIS MARCADOS 0

TIROS 136

OCASIONES CREADAS 61

ENTRADAS 167

PALMARÉS EN CLUBES
⚽ Women's Super League: 2024, 2025
⚽ Women's FA Cup: 2025
⚽ FA Women's League Cup: 2025

PALMARÉS INTERNACIONAL
⚽ UEFA Nations League: Tercer puesto 2024
⚽ Juegos Olímpicos: Bronce 2024

ÁREAS DE ACTIVIDAD

LENA OBERDORF

Considerada como una de las mejores mediocentros defensivas jóvenes de Europa, Lena Oberdorf fichó por el gran Bayern de Múnich en 2024, aunque una lesión en el ligamento cruzado impidió su debut en la temporada 2024/2025. Líder natural que exige altos estándares, disfruta presionando y haciendo entradas y, cuando se abre un espacio, tiene la capacidad de avanzar hacia delante.

NACIONALIDAD
Alemana

CLUB ACTUAL
Bayern de Múnich

F. NACIMIENTO	19/12/2001
POSICIÓN	MEDIOCENTRO DEFENSIVA
ESTATURA	1,74 M
DEBUT	2018
PIE PREFERIDO	DERECHO

APARICIONES
42

ASISTENCIAS
5

REGATES
47

PASES
1631

PENALTIS MARCADOS
0

PASES CON ÉXITO
71,5%

GOLES
8

TIROS
49

OCASIONES CREADAS
34

ENTRADAS
144

PALMARÉS EN CLUBES
⚽ Frauen-Bundesliga: 2022 (VfL Wolfsburg),
⚽ UEFA Women's Champions League: Subcampeona 2023 (vfL Wolfsburg)
⚽ DFB-Pokal Frauen: 2021, 2022, 2023, 2024 (todas con vfL Wolfsburg)

PALMARÉS INTERNACIONAL
⚽ Campeonato de Europa Femenino de la UEFA: Subcampeona 2022
⚽ UEFA Nations League: Tercer puesto 2024

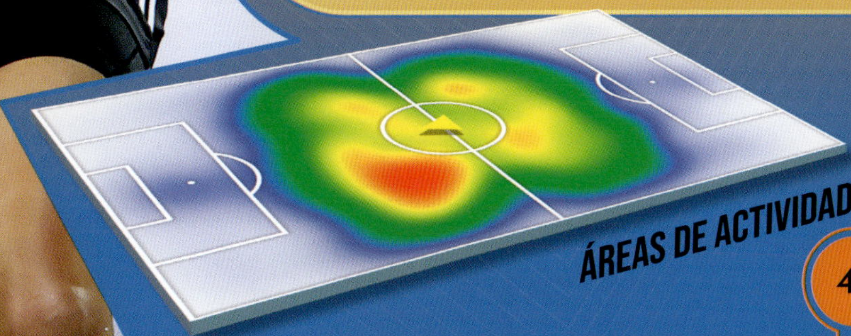

ÁREAS DE ACTIVIDAD

49

NACIONALIDAD
Española

CLUB ACTUAL
Barcelona

CLÀUDIA PINA

Capaz de jugar como centrocampista o como delantera, la peligrosa número nueve del Barcelona tiene atributos únicos que la convierten en una jugadora de primera categoría. Clàudia Pina aparece en espacios pequeños y tira a portería, desorientando incluso a las defensas más disciplinadas.

F. NACIMIENTO	12/08/2001
POSICIÓN	MEDIOCENTRO OFENSIVA
ESTATURA	1,60 M
DEBUT	2016
PIE PREFERIDO	DERECHO

APARICIONES
103

ASISTENCIAS
26

REGATES
155

PASES
3396

PENALTIS
MARCADOS
3

PASES
CON ÉXITO
85,1%

GOLES
47

TIROS
307

OCASIONES
CREADAS
202

ENTRADAS
83

PALMARÉS EN CLUBES
⚽ Liga F: 2020, 2022, 2023, 2024, 2025
⚽ UEFA Women's Champions League: 2023, 2024, subcampeona 2025
⚽ Copa de la Reina: 2020, 2022, 2024, 2025

PALMARÉS INTERNACIONAL
⚽ Campeonato de Europa Femenino de la UEFA: Subcampeona 2025

ÁREAS DE ACTIVIDAD

ALEXIA PUTELLAS

La premiada capitana del Barcelona es una jugadora clave tanto para su club como para su selección. Su juego posicional y su instinto de ataque se suma a su trabajo defensivo dinámico. Alexia Putellas hace que moverse con sigilo entre las rivales y hacer un pase rastrero parezca fácil.

 **NACIONALIDAD**
Española

CLUB ACTUAL
Barcelona

F. NACIMIENTO	04/02/1994
POSICIÓN	MEDIOCENTRO OFENSIVA
ESTATURA	1,73 M
DEBUT	2008
PIE PREFERIDO	IZQUIERDO

APARICIONES
65

ASISTENCIAS
20

REGATES
109

PASES
2829

PENALTIS MARCADOS
7

PASES CON ÉXITO
83,8%

GOLES
31

TIROS
164

OCASIONES CREADAS
137

ENTRADAS
60

PALMARÉS EN CLUBES
⚽ Liga F: 2013, 2014, 2015, 2020, 2021, 2022, 2023, 2024, 2025
⚽ UEFA Women's Champions League: 2021, 2023, 2024, subcampeona 2025
⚽ Copa de la Reina: 2013, 2014, 2017, 2018, 2020, 2021, 2022, 2024, 2025

PALMARÉS INTERNACIONAL
⚽ Copa Mundial Femenina de la FIFA: 2023
⚽ UEFA Women's Nations League: 2024
⚽ Campeonato de Europa Femenino de la UEFA: Subcampeona 2025

ÁREAS DE ACTIVIDAD

51

GURO REITEN

NACIONALIDAD
Noruega

CLUB ACTUAL
Chelsea

11

Algunos extremos vagan sin rumbo durante el partido mientras esperan el balón. No es el caso de Guro Reiten. La zurda favorita del Chelsea disfruta haciéndose con la posesión y regateando a toda velocidad o dejando a las rivales aturdidas con un giro rápido instintivo. Sus incursiones hacia delante rara vez fallan.

F. NACIMIENTO	26/07/1994
POSICIÓN	EXTREMO
ESTATURA	1,67 M
DEBUT	2010
PIE PREFERIDO	IZQUIERDO

APARICIONES
79

REGATES
90

ASISTENCIAS
24

PASES
1720

PASES CON ÉXITO
69,8%

GOLES
30

PENALTIS MARCADOS
11

TIROS
124

ENTRADAS
66

OCASIONES CREADAS
154

PALMARÉS EN CLUBES
- Women's Super League: 2020, 2021, 2022, 2023, 2024, 2025
- UEFA Women's Champions League: Subcampeona 2021
- Women's FA Cup: 2021, 2022, 2023, 2025
- Women's FA League Cup: 2020, 2021, 2025

PALMARÉS INTERNACIONAL
- Nada hasta la fecha

ÁREAS DE ACTIVIDAD

GEORGIA STANWAY

La influencia de Georgia Stanway puede pasar desapercibida en el centro del campo, pero no hay que subestimar su importancia. En las transiciones, su habilidad para recuperar balones al segundo toque y hacer entradas puede ser la diferencia entre la victoria y la derrota. Es muy competitiva, con una fuerte voluntad de ganar.

NACIONALIDAD
Inglesa

CLUB ACTUAL
Bayern de Múnich

31

F. NACIMIENTO	03/01/1999
POSICIÓN	MEDIOCENTRO
ESTATURA	1,64 M
DEBUT	2015
PIE PREFERIDO	DERECHO

APARICIONES
74

ASISTENCIAS
14

REGATES
155

PASES
5M476

PASES
CON ÉXITO
86,5%

PENALTIS
MARCADOS
6

GOLES
20

TIROS
145

OCASIONES
CREADAS
95

ENTRADAS
143

PALMARÉS EN CLUBES
⚽ Frauen-Bundesliga: 2023, 2024, 2025
⚽ Women's Super League: 2016 (Manchester City)
⚽ Women's FA Cup: 2017, 2019, 2020 (Manchester City)
⚽ Women's FA League Cup: 2016, 2019, 2022 (Manchester City)

PALMARÉS INTERNACIONAL
⚽ Campeonato de Europa Femenino de la UEFA: 2022, 2025
⚽ Copa Mundial Femenina de la FIFA: Subcampeona 2023
⚽ Women's Finalissima: 2023

ÁREAS DE ACTIVIDAD

7

NACIONALIDAD
Inglesa

CLUB ACTUAL
Manchester United

ELLA TOONE

Lo que ofrece Ella Toone son goles, asistencias y actuaciones de primer nivel. Centrocampista inteligente que se desmarca de las delanteras, realiza contribuciones importantes con su energía, su técnica y sus pases visionarios. "Tooney" puede alentar a sus compañeras y poner en pie a la multitud con un momento mágico.

F. NACIMIENTO	02/09/1999
POSICIÓN	MEDIOCENTRO
ESTATURA	1,63 M
DEBUT	2015
PIE PREFERIDO	DERECHO

APARICIONES
62

REGATES
88

ASISTENCIAS
14

PENALTIS MARCADOS
0

PASES
2424

PASES CON ÉXITO
79,7%

GOLES
14

TIROS
111

OCASIONES CREADAS
95

ENTRADAS
50

PALMARÉS EN CLUBES
⚽ Women's Super League: 2016 (Manchester City)
⚽ FA Women's Championship: 2019
⚽ Women's FA Cup: 2024
⚽ Women's FA League Cup: 2016 (Manchester City)

PALMARÉS INTERNACIONAL
⚽ Campeonato de Europa Femenino de la UEFA: 2022, 2025
⚽ Women's Finalissima: 2023
⚽ Copa Mundial Femenina de la FIFA: Subcampeona 2023

ÁREAS DE ACTIVIDAD

DANIËLLE VAN DE DONK

Gracias a su visión y experiencia, Daniëlle van de Donk crea ocasiones de gol que, con frecuencia, hacen daño a las rivales. Es eficaz con sus entradas y pases y le encanta ir hacia delante, lista para chutar con la derecha. También es muy hábil con los cabezazos.

NACIONALIDAD
Holandesa

CLUB ACTUAL
Lyon

F. NACIMIENTO	05/08/1991
POSICIÓN	MEDIOCENTRO
ESTATURA	1,60 M
DEBUT	2008
PIE PREFERIDO	DERECHO

APARICIONES
84

ASISTENCIAS
11

REGATES
104

PENALTIS MARCADOS
0

PASES
2450

PASES CON ÉXITO
82,0%

GOLES
16

TIROS
122

OCASIONES CREADAS
93

ENTRADAS
98

PALMARÉS EN CLUBES
⚽ Première Ligue (Division 1 Féminine): 2022, 2023, 2024, 2025
⚽ UEFA Women's Champions League: 2022, subcampeona 2024
⚽ Women's FA Cup: 2016 (Arsenal)

PALMARÉS INTERNACIONAL
⚽ Campeonato de Europa Femenino de la UEFA: 2017
⚽ Copa Mundial Femenina de la FIFA: Subcampeona 2019

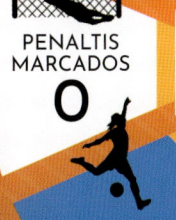

ÁREAS DE ACTIVIDAD

30

NACIONALIDAD
Inglesa

CLUB ACTUAL
Chelsea

KEIRA WALSH

Keira Walsh estorba a las rivales en las áreas centrales y recupera el balón de forma excelente. Más que una jugadora defensiva, sus pases hacia delante y sus movimientos inteligentes aumentan las oportunidades para su equipo. Tiene potencia, se hace oír y siempre mantiene el control.

F. NACIMIENTO	08/04/1997
POSICIÓN	MEDIOCENTRO DEFENSIVA
ESTATURA	1,65 M
DEBUT	2014
PIE PREFERIDO	DERECHO

APARICIONES
100

ASISTENCIAS
9

REGATES
44

PENALTIS MARCADOS
0

PASES
5600

PASES CON ÉXITO
92,1%

GOLES
6

TIROS
35

OCASIONES CREADAS
85

ENTRADAS
105

PALMARÉS EN CLUBES
⚽ Liga F: 2023, 2024 (todas con Barça) ⚽ UEFA Women's Champions League: 2023, 2024 (todas con Barça) ⚽ Women's Super League: 2016 (Man City), 2025 ⚽ Copa de la Reina: 2024 (Barça) ⚽ Women's FA Cup: 2017, 2019, 2020 (todas con Man City) ⚽ Women's FA League Cup: 2014*, 2016*, 2019*, 2022* (*Man City), 2025

PALMARÉS INTERNACIONAL
⚽ Campeonato de Europa Femenino de la UEFA: 2022, 2025
⚽ Women's Finalissima: 2023
⚽ Copa Mundial Femenina de la FIFA: Subcampeona 2023

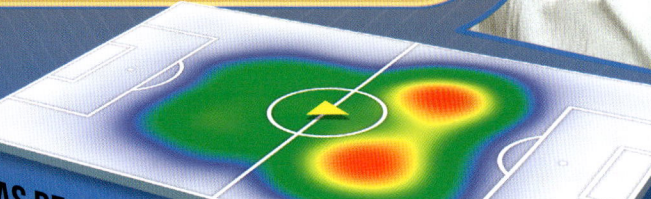

ÁREAS DE ACTIVIDAD

CAROLINE WEIR

Alta, ágil, fuerte y con un pie izquierdo que hace magia, Caroline Weir brilla en su labor como mediocentro ofensiva. Sus entrenadores adoran cómo chuta y alcanza el objetivo desde lejos, y también cuando conecta con centros preciosos. Ofrece el *pack* completo.

NACIONALIDAD
Escocesa

CLUB ACTUAL
Real Madrid

10

F. NACIMIENTO	20/06/1995
POSICIÓN	MEDIOCENTRO OFENSIVA
ESTATURA	1,73 M
DEBUT	2011
PIE PREFERIDO	IZQUIERDO

APARICIONES
68

ASISTENCIAS
23

REGATES
137

PASES
2379

PASES CON ÉXITO
85,8

PENALTIS MARCADOS
2

GOLES
34

TIROS
186

OCASIONES CREADAS
162

ENTRADAS
56

PALMARÉS EN CLUBES
⚽ Women's FA Cup: 2014 (Arsenal), 2019,* 2020* (*Manchester City)
⚽ Women's FA League Cup: 2019, 2020 (todas con Manchester City)

PALMARÉS INTERNACIONAL
⚽ Nada hasta la fecha

ÁREAS DE ACTIVIDAD

DELANTERAS

Las jugadoras que suelen acaparar los titulares son las delanteras. Su tarea es hacer lo más importante del fútbol: ¡marcar goles! Para ello, las delanteras necesitan una amplia variedad de habilidades, desde chutar con precisión a ser valientes para rematar de cabeza y saber cuándo correr al área. Estas jugadoras pueden ser grandes y fuertes o pequeñas y rápidas. A veces, juegan en un dúo atacante o como parte de un trío y otras veces lideran el ataque en solitario. A las delanteras les encanta ser las heroínas cuando mandan el balón al fondo de la portería.

¿QUÉ SIGNIFICAN ESTAS ESTADÍSTICAS?

GOLES

Es el número total de goles que ha marcado una delantera. La cifra abarca todos los clubes importantes a los que ha pertenecido la jugadora en las dos últimas temporadas.

ASISTENCIAS

Un pase, centro o cabezazo a una compañera de equipo que después marca cuenta como asistencia. Esta estadística incluye también los tiros desviados que convierte una compañera.

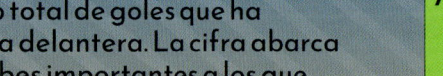

TASA DE CONVERSIÓN

El porcentaje muestra lo buena que es la jugadora a la hora de aprovechar sus ocasiones frente a la portería. Si una jugadora marca dos goles en cuatro tiros, su tasa de conversión es del 50 %.

128 MINUTOS POR GOL

Es el periodo de tiempo medio que tarda la jugadora en marcar. Se calcula según los minutos que la futbolista ha jugado en las tres últimas temporadas al máximo nivel.

¿Lo sabías?

La estrella holandesa del Manchester City Vivianne Miedema ha ganado la bota de oro de la Women's Super League dos veces en su carrera y es la máxima goleadora de la historia de la liga. En siete temporadas con el Arsenal ha marcado 80 goles.

22

NACIONALIDAD
Zambiana

CLUB ACTUAL
Orlando Pride

BARBRA BANDA

Barbra Banda conquistó la NWSL en 2024, ganando el campeonato, el Shield y el premio a la MVP en su primera temporada. Es una delantera centro completa que sabe moverse entre líneas, usar su fuerza para hacer asistencias o colarse por el centro para chutar con precisión.

F. NACIMIENTO	20/03/2000
POSICIÓN	DELANTERA CENTRO
ESTATURA	1,73 M
DEBUT	2016
PIE PREFERIDO	DERECHO

GOLES 24

PENALTIS MARCADOS 0

APARICIONES 35

ASISTENCIAS 8

TASA DE CONVERSIÓN 15,4%

MINUTOS POR GOL 120

GOLES IZDA. 5

GOLES DCHA. 12

HAT-TRICKS 1

GOLES DE CABEZA 7

TIROS 156

PALMARÉS EN CLUBES
⚽ NWSL Championship: 2024

PALMARÉS INTERNACIONAL
⚽ Copa COSAFA Femenina: 2022

ÁREAS DE ACTIVIDAD

STINA BLACKSTENIUS

NACIONALIDAD
Sueca

CLUB ACTUAL
Arsenal

Delantera clave en la formación de ataque del Arsenal, Stina Blackstenius tiene la potencia, la habilidad y el aplomo para convertir ocasiones, sobre todo dentro del área de penalti. Cabe destacar que salió del banquillo y marcó el gol ganador en la final de la Women's Champions League 2024/2025.

F. NACIMIENTO	05/02/1996
POSICIÓN	DELANTERA
ESTATURA	1,74 M
DEBUT	2013
PIE PREFERIDO	DERECHO

GOLES
27

PENALTIS MARCADOS
0

APARICIONES
81

ASISTENCIAS
6

TASA DE CONVERSIÓN
14,1%

GOLES IZDA.
6

MINUTOS POR GOL
157

GOLES DCHA.
19

HAT-TRICKS
0

GOLES DE CABEZA
2

TIROS
192

PALMARÉS EN CLUBES
⚽ UEFA Women's Champions League: 2025
⚽ Women's FA League Cup: 2023, 2024

PALMARÉS INTERNACIONAL
⚽ Copa Mundial Femenina de la FIFA: Tercer puesto 2019, 2023
⚽ Juegos Olímpicos: Plata 2016, plata 2020 (2021)

ÁREAS DE ACTIVIDAD

8

NACIONALIDAD
Española

CLUB ACTUAL
Arsenal

MARIONA CALDENTEY

La ganadora de la Copa Mundial Mariona Caldentey no tardó en abrir su cuenta goleadora tras unirse al Arsenal en 2024. Encontró la red a menudo en su primera temporada, demostrando su toque y su visión alrededor del área y proclamándose una de las atacantes más versátiles de la WSL.

F. NACIMIENTO	19/03/1996
POSICIÓN	DELANTERA
ESTATURA	1,65 M
DEBUT	2011
PIE PREFERIDO	DERECHO

GOLES **38**

PENALTIS MARCADOS **10**

APARICIONES **98**

ASISTENCIAS **29**

TASA DE CONVERSIÓN **18,9%**

MINUTOS POR GOL **178**

GOLES IZDA. **5**

GOLES DCHA. **31**

HAT-TRICKS **0**

GOLES DE CABEZA **2**

TIROS **201**

PALMARÉS EN CLUBES
⚽ Liga F: 2015, 2020, 2021, 2022, 2023, 2024 (todas con Barça)
⚽ UEFA Women's Champions League: 2021, 2023, 2024 (todas con Barça), 2025
⚽ Copa de la Reina: 2017, 2018, 2020, 2021, 2024 (todas con Barça)

PALMARÉS INTERNACIONAL
⚽ Copa Mundial Femenina de la FIFA: 2023
⚽ UEFA Women's Nations League: 2024
⚽ Campeonato de Europa Femenino de la UEFA: Subcampeona 2025

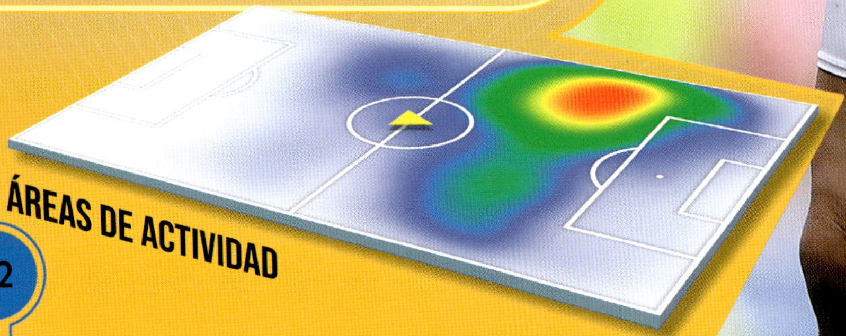

ÁREAS DE ACTIVIDAD

KADIDIATOU DIANI

Kadidiatou Diani es una amenaza enorme en la zona de ataque. No solo es metódica dentro del área, sino que sus regates y su velocidad le permiten crear oportunidades para su equipo. Como demostró en la Copa Mundial de 2023, donde fue la segunda máxima goleadora, Diani se crece en las grandes ocasiones.

NACIONALIDAD
Francesa

CLUB ACTUAL
Lyon

11

F. NACIMIENTO	01/04/1995
POSICIÓN	DELANTERA
ESTATURA	1,69 M
DEBUT	2011
PIE PREFERIDO	DERECHO

GOLES
52

PENALTIS MARCADOS
7

APARICIONES
82

ASISTENCIAS
26

TASA DE CONVERSIÓN
22,3%

GOLES IZDA.
5

MINUTOS POR GOL
114

GOLES DCHA.
35

HAT-TRICKS
2

GOLES DE CABEZA
11

TIROS
233

PALMARÉS EN CLUBES
⚽ Première Ligue (Division 1 Féminine): 2021 (PSG), 2024, 2025
⚽ UEFA Women's Champions League: Subcampeona 2024
⚽ Coupe de France Féminine: 2018, 2022 (todas con PSG)

PALMARÉS INTERNACIONAL
⚽ Nada hasta la fecha

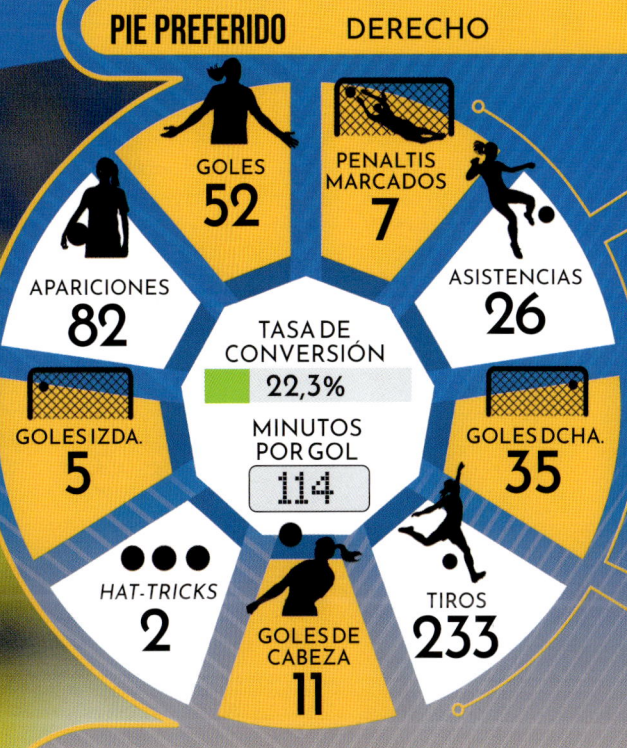

ÁREAS DE ACTIVIDAD

NACIONALIDAD
Noruega

CLUB ACTUAL
Barcelona

CAROLINE GRAHAM HANSEN

Caroline Graham Hansen es una goleadora nata y una de las mejores regateadoras que hay, razones por las que tiene el honor de llevar el número 10 en el Barcelona. Es conocida por ir sorteando a las defensas y hacer pases y centros inteligentes. Graham ni siquiera ha llegado todavía a su mejor momento.

F. NACIMIENTO	18/02/1995
POSICIÓN	DELANTERA
ESTATURA	1,75 M
DEBUT	2010
PIE PREFERIDO	DERECHO

GOLES
53

PENALTIS MARCADOS
2

APARICIONES
85

ASISTENCIAS
45

TASA DE CONVERSIÓN
17,5%

MINUTOS POR GOL
111

GOLES IZDA.
14

GOLES DCHA.
34

HAT-TRICKS
1

GOLES DE CABEZA
5

TIROS
302

PALMARÉS EN CLUBES
⚽ Liga F: 2020, 2021, 2022, 2023, 2024, 2025
⚽ UEFA Women's Champions League: 2021, 2023, 2024, subcampeona 2025
⚽ Copa de la Reina: 2025
⚽ Frauen Bundesliga: 2017-2019 (todas con VfL Wolfsburg)

PALMARÉS INTERNACIONAL
⚽ Campeonato de Europa Femenino de la UEFA: Subcampeona 2013

ÁREAS DE ACTIVIDAD

PERNILLE HARDER

Capaz de acabar la jugada con el pie derecho o el izquierdo, Pernille Harder es una atacante escurridiza y versátil. La capitana de Dinamarca domina el espacio con carreras potentes y tiene la frialdad y la visión para chutar o hacer una asistencia. También se le dan bien los tiros de falta y los cabezazos.

NACIONALIDAD
Danesa

CLUB ACTUAL
Bayern de Múnich

21

F. NACIMIENTO	15/11/1992
POSICIÓN	DELANTERA
ESTATURA	1,69 M
DEBUT	2007
PIE PREFERIDO	AMBOS

GOLES 40

PENALTIS MARCADOS 1

APARICIONES 62

ASISTENCIAS 14

TASA DE CONVERSIÓN 21,7%

MINUTOS POR GOL 114

GOLES IZDA. 7

GOLES DCHA. 21

HAT-TRICKS 4

GOLES DE CABEZA 12

TIROS 184

PALMARÉS EN CLUBES
⚽ Frauen-Bundesliga: 2017-2020 (todas con VfL Wolfsburg), 2024, 2025 ⚽ DFB-Pokal Frauen: 2017-2020 (todas con VfL Wolfsburg), 2025 ⚽ Women's Super League: 2021-2023 (todas con Chelsea) ⚽ Women's FA Cup: 2021-2023 (todas con Chelsea) ⚽ UEFA Women's Champions League: Subcampeona 2021 (Chelsea) subcampeona 2018*, 2020* (*VfL Wolfsburg)

PALMARÉS INTERNACIONAL
⚽ Campeonato de Europa Femenino de la UEFA: Subcampeona 2017

ÁREAS DE ACTIVIDAD

14

NACIONALIDAD
Noruega

CLUB ACTUAL
Lyon

ADA HEGERBERG

¡Ada Hegerberg está entre las jugadoras con más logros del fútbol femenino! Además de ganar múltiples trofeos con su equipo, esta prolífica delantera lidera la lista de goleadoras de la UEFA Champions League con más de 60 goles y fue la primera ganadora del Balón de Oro femenino en 2018. Es una jugadora de primera categoría desde hace más de una década.

F. NACIMIENTO	10/07/1995
POSICIÓN	DELANTERA CENTRO
ESTATURA	1,76 M
DEBUT	2010
PIE PREFERIDO	DERECHO

GOLES
28

PENALTIS MARCADOS
3

APARICIONES
50

ASISTENCIAS
4

TASA DE CONVERSIÓN
19,7%

MINUTOS POR GOL
79

GOLES IZDA.
7

GOLES DCHA.
19

HAT-TRICKS
0

GOLES DE CABEZA
2

TIROS
142

PALMARÉS EN CLUBES
⚽ Première Ligue (Division 1 Féminine): 2015, 2016, 2017, 2018, 2019, 2020, 2022, 2023, 2024, 2025 ⚽ UEFA Women's Champions League: 2016, 2017, 2018, 2019, 2020, 2022, subcampeona 2024 ⚽ Coupe de France Féminine: 2015, 2016, 2017, 2019, 2020, 2023

PALMARÉS INTERNACIONAL
⚽ Campeonato de Europa Femenino de la UEFA: Subcampeona 2013

ÁREAS DE ACTIVIDAD

LAUREN JAMES

Lauren James, una de las estrellas de la Copa Mundial de 2023, es capaz de hacer goles y asistencias espectaculares. A menudo, juega en posiciones abiertas y se mete para chutar o encontrar un pase con cualquier pie. Una de sus finalizaciones características es rematar el balón bombeado al segundo palo desde lejos.

NACIONALIDAD
Inglesa

CLUB ACTUAL
Chelsea

10

F. NACIMIENTO	29/09/2001
POSICIÓN	DELANTERA
ESTATURA	1,75 M
DEBUT	2017
PIE PREFERIDO	DERECHO

GOLES
24

PENALTIS MARCADOS
0

APARICIONES
62

ASISTENCIAS
8

TASA DE CONVERSIÓN
13,8%

GOLES IZDA.
12

MINUTOS POR GOL
170

GOLES DCHA.
12

HAT-TRICKS
2

GOLES DE CABEZA
0

TIROS
174

PALMARÉS EN CLUBES
⚽ Women's Super League: 2022, 2023, 2024, 2025
⚽ FA Women's Cup: 2022, 2023, 2025
⚽ FA Women's League Cup: 2025

PALMARÉS INTERNACIONAL
⚽ Copa Mundial Femenina de la FIFA: Subcampeona 2023
⚽ FIFA Women's Finalissima: 2023
⚽ Campeonato de Europa Femenino de la UEFA: 2025

ÁREAS DE ACTIVIDAD

20

NACIONALIDAD
Australiana

CLUB ACTUAL
Chelsea

SAM KERR

¡Sam Kerr está considerada como una de las mejores delanteras de la historia desde que debutó cuando era solo una adolescente! Utiliza su velocidad y su sentido de la posición para superar a las defensas y es metódica frente a la portería. Es una rematadora espectacular, famosa por sus voleas, vaselinas y tiros fuertes desde lejos. Una lesión la mantuvo alejada del campo la pasada temporada, pero ha vuelto lista para encandilar a los aficionados.

F. NACIMIENTO	10/09/1993
POSICIÓN	DELANTERA CENTRO
ESTATURA	1,68 M
DEBUT	2008
PIE PREFERIDO	DERECHO

GOLES
26

PENALTIS MARCADOS
0

ASISTENCIAS
10

APARICIONES
43

TASA DE CONVERSIÓN
17,1%

MINUTOS POR GOL
129

GOLES IZDA.
4

GOLES DCHA.
15

HAT-TRICKS
2

GOLES DE CABEZA
7

TIROS
152

PALMARÉS EN CLUBES
⚽ Women's Super League: 2020, 2021, 2022, 2023, 2024
⚽ Women's FA Cup: 2021, 2022, 2023 ⚽ UEFA Women's Champions League: Subcampeona 2021 ⚽ A-League Championship: 2013 (Sydney FC) ⚽ NWSL Shield: 2013 (Western New York Flash) ⚽ A-League Premiership: 2014 (Perth Glory)

PALMARÉS INTERNACIONAL
⚽ Copa Asiática Femenina de la AFC: 2010

ÁREAS DE ACTIVIDAD

RACHEAL KUNDANANJI

Racheal Kundananji, que se unió al Bay FC con un fichaje récord de 749.000 euros en 2024, es una delantera genial. Tiene mucha seguridad en la posesión y se libra de sus marcadoras para conectar centros y pases. La técnica de Kundananji y su capacidad para elegir el momento perfecto dentro del área significan que solo necesita una pequeña oportunidad para batir a la portera.

NACIONALIDAD
Zambiana

CLUB ACTUAL
Bay FC

F. NACIMIENTO	03/06/2000
POSICIÓN	DELANTERA
ESTATURA	1,70 M
DEBUT	2018
PIE PREFERIDO	DERECHO

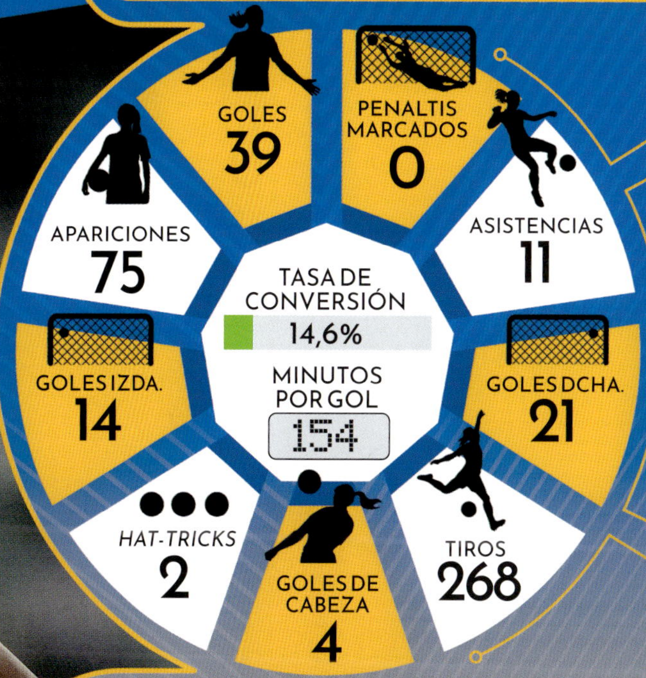

GOLES
39

PENALTIS MARCADOS
0

ASISTENCIAS
11

APARICIONES
75

TASA DE CONVERSIÓN
14,6%

MINUTOS POR GOL
154

GOLES DCHA.
21

GOLES IZDA.
14

HAT-TRICKS
2

GOLES DE CABEZA
4

TIROS
268

PALMARÉS EN CLUBES
⚽ FAZ Women Super League: 2018 (Indeni Roses)
⚽ Kazakhstani Championship: 2019, 2020
(todas con BIIK Kazygurt)

PALMARÉS INTERNACIONAL
⚽ Nada hasta la fecha

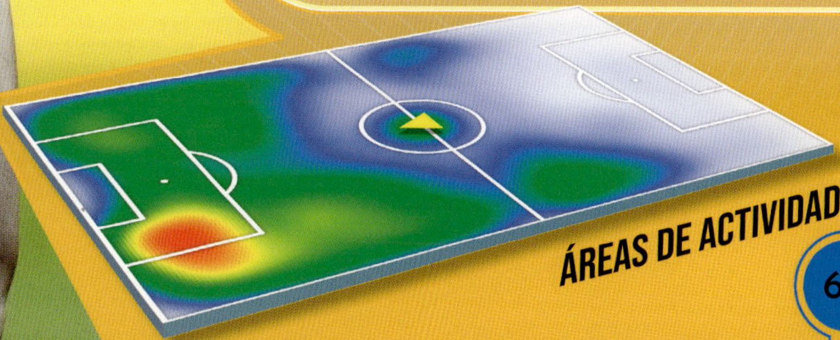

ÁREAS DE ACTIVIDAD

NACIONALIDAD
Francesa

CLUB ACTUAL
Toluca

EUGÉNIE LE SOMMER

Eugénie Le Sommer está en la 18.ª temporada de una carrera prolífica y sigue siendo una fuerza potente frente a la portería. Goleadora de récord con Francia y con el Lyon, es muy difícil de parar cuando corre al área y dispara, coloca o pica el balón a la red. Le Sommer es un icono de este deporte.

F. NACIMIENTO	18/05/1989
POSICIÓN	DELANTERA
ESTATURA	1,61 M
DEBUT	2007
PIE PREFERIDO	DERECHO

GOLES
28

PENALTIS MARCADOS
0

APARICIONES
72

ASISTENCIAS
12

TASA DE CONVERSIÓN
18,1%

MINUTOS POR GOL
132

GOLES IZDA.
11

GOLES DCHA.
12

HAT-TRICKS
0

GOLES DE CABEZA
5

TIROS
155

PALMARÉS EN CLUBES
⚽ Première Ligue (Division 1 Féminine): 2011–2020, 2022–2025
⚽ UEFA Women's Champions League: 2011, 2012, 2016, 2017, 2018, 2019, 2020, 2022, subcampeona 2024
⚽ Coupe de France Féminine: 2012-2017, 2019, 2020, 2023

INTERNATIONAL HONOURS
⚽ Nada hasta la fecha

ÁREAS DE ACTIVIDAD

BETH MEAD

Beth Mead es una jugadora decisiva en su papel preferido por la derecha. Corriendo por detrás de la última defensa, puede hacerse con el balón y girarse para encarar o pasarlo a otras atacantes. Sus 33 goles en sus primeros 63 partidos con Inglaterra justifican su estatus como jugadora de primera clase.

NACIONALIDAD
Inglesa

CLUB ACTUAL
Arsenal

F. NACIMIENTO	09/05/1995
POSICIÓN	DELANTERA
ESTATURA	1,63 M
DEBUT	2011
PIE PREFERIDO	DERECHO

GOLES
20

PENALTIS MARCADOS
0

APARICIONES
60

ASISTENCIAS
3

TASA DE CONVERSIÓN
19,0%

MINUTOS POR GOL
185

GOLES IZDA.
6

GOLES DCHA.
12

HAT-TRICKS
0

GOLES DE CABEZA
2

TIROS
105

PALMARÉS EN CLUBES
⚽ Women's Super League: 2019
⚽ UEFA Women's Champions League: 2025
⚽ Women's FA League Cup: 2018, 2023, 2024

PALMARÉS INTERNACIONAL
⚽ Campeonato de Europa Femenino de la UEFA: 2022, 2025

ÁREAS DE ACTIVIDAD

NACIONALIDAD
Holandesa

CLUB ACTUAL
Manchester City

VIVIANNE MIEDEMA

Haber marcado un récord de 100 goles en solo 110 partidos durante su etapa en el Arsenal pone de manifiesto lo despiadada que es Vivianne Miedema frente a la portería. Alta, con buen físico y tan hábil en el suelo como el aire, la leyenda holandesa tiene todos los trucos y recursos necesarios para hacer daño al equipo rival.

F. NACIMIENTO	15/07/1996
POSICIÓN	DELANTERA CENTRO
ESTATURA	1,77 M
DEBUT	2011
PIE PREFERIDO	DERECHO

GOLES
17

PENALTIS MARCADOS
0

ASISTENCIAS
3

APARICIONES
36

TASA DE CONVERSIÓN
17,2%

MINUTOS POR GOL
117

GOLES IZDA.
4

GOLES DCHA.
9

HAT-TRICKS
0

GOLES DE CABEZA
4

TIROS
99

PALMARÉS EN CLUBES
⚽ Women's Super League: 2019 (Arsenal)
⚽ Frauen Bundesliga: 2015, 2016 (Bayern de Múnich)
⚽ Women's FA League Cup: 2018, 2023, 2024 (Arsenal)

PALMARÉS INTERNACIONAL
⚽ Campeonato de Europa Femenino de la UEFA: 2017
⚽ Copa Mundial Femenina de la FIFA: Subcampeona 2019

ÁREAS DE ACTIVIDAD

EWA PAJOR

Ewa Pajor, la delantera más potente de Polonia, marca goles de cabeza, desde lejos y también con solo empujar el balón con precisión a un gran ritmo. Arrasa en las competiciones europeas donde acosa a las defensas y encuentra espacios para aprovechar su peligroso pie derecho.

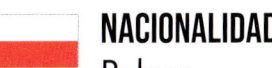

NACIONALIDAD
Polaca

CLUB ACTUAL
Barcelona

17

F. NACIMIENTO	03/12/1996
POSICIÓN	DELANTERA CENTRO
ESTATURA	1,67 M
DEBUT	2012
PIE PREFERIDO	DERECHO

GOLES
71

PENALTIS MARCADOS
1

APARICIONES
88

ASISTENCIAS
27

TASA DE CONVERSIÓN
21,3%

GOLES IZDA.
14

MINUTOS POR GOL
89

GOLES DCHA.
45

HAT-TRICKS
5

GOLES DE CABEZA
12

TIROS
334

PALMARÉS EN CLUBES
⚽ Frauen-Bundesliga: 2017-20, 2022 (todas con VfL Wolfsburg)
⚽ UEFA Women's Champions League: 2016*, 2018*, 2020*, 2023* [*con Vfl Wolfsburg; todas como subcampeona], subcampeona 2025 ⚽ Copa de la Reina: 2025 ⚽ DFB-Pokal Frauen: 2016-2024 (todas con Vfl Wolfsburg)

PALMARÉS INTERNACIONAL
⚽ Nada hasta la fecha

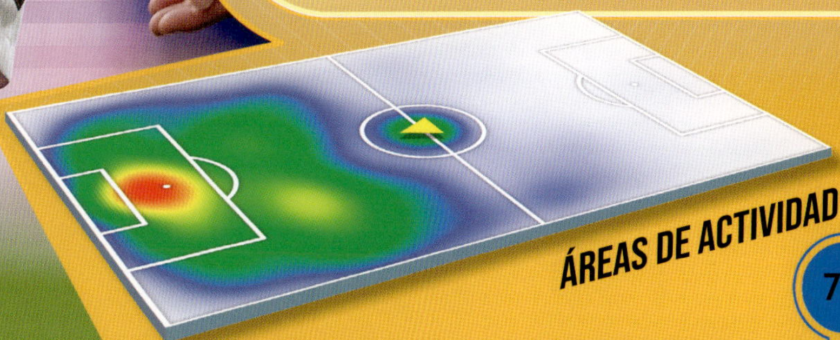

ÁREAS DE ACTIVIDAD

7

NACIONALIDAD
Española

CLUB ACTUAL
Barcelona

SALMA PARALLUELO

Con solo 19 cuando ganó la Copa Mundial y se hizo con el premio a la mejor jugadora joven del torneo, Salma Paralluelo ha empezado su carrera de forma espectacular. Sus regates increíbles en el área de penalti, sus pases entre la defensa y sus centros la sitúan entre las mejores atacantes del mundo.

F. NACIMIENTO	13/01/2003
POSICIÓN	DELANTERA
ESTATURA	1,75 M
DEBUT	2019
PIE PREFERIDO	IZQUIERDO

GOLES
49

PENALTIS MARCADOS
0

APARICIONES
81

ASISTENCIAS
12

TASA DE CONVERSIÓN
21,2%

MINUTOS POR GOL
97

GOLES IZDA.
36

GOLES DCHA.
10

HAT-TRICKS
2

GOLES DE CABEZA
3

TIROS
231

PALMARÉS EN CLUBES
- Liga F: 2023, 2024, 2025
- UEFA Women's Champions League: 2023, 2024, subcampeona 2025
- Copa de la Reina: 2024, 2025

PALMARÉS INTERNACIONAL
- Copa Mundial Femenina de la FIFA: 2023
- UEFA Women's Nations League: 2024
- Campeonato de Europa Femenino de la UEFA: Subcampeona 2025

ÁREAS DE ACTIVIDAD

ALEXANDRA POPP

Alexandra Popp tiene uno de los tiros con el pie izquierdo más refinados del fútbol europeo. Líder natural en el campo, su pasión y su capacidad de ataque van acompañadas en el campo de habilidad y creatividad. Popp puede atravesar cualquier defensa y superar a la portera sin perder la calma.

NACIONALIDAD
Alemana

CLUB ACTUAL
VfL Wolfsburg

F. NACIMIENTO	06/04/1991
POSICIÓN	DELANTERA CENTRO
ESTATURA	1,74 M
DEBUT	2007
PIE PREFERIDO	IZQUIERDO

GOLES
37

PENALTIS MARCADOS
0

ASISTENCIAS
21

APARICIONES
77

TASA DE CONVERSIÓN
14,9%

MINUTOS POR GOL
154

GOLES IZDA.
17

GOLES DCHA.
3

HAT-TRICKS
1

GOLES DE CABEZA
16

TIROS
248

PALMARÉS EN CLUBES
⚽ Frauen-Bundesliga: 2013, 2014, 2017, 2018, 2019, 2020, 2022
⚽ UEFA Women's Champions League: 2009 (Duisburg), 2013*, 2014* (*VfL Wolfsburg)
⚽ DFB-Pokal Frauen: 2009*, 2010* (*Duisburg), 2013, 2015-2023

PALMARÉS INTERNACIONAL
⚽ Juegos Olímpicos: Oro 2016
⚽ Campeonato de Europa Femenino de la UEFA: Subcampeona 2022

ÁREAS DE ACTIVIDAD

2

NACIONALIDAD
Estadounidense

CLUB ACTUAL
Washington Spirit

TRINITY RODMAN

Trinity Rodman, delantera trabajadora que conecta bien con otras atacantes, se ha ganado una reputación como talento de talla mundial. Puede examinar el campo con rapidez para hacer el mejor pase o ver una ocasión de chutar, y mantiene la cabeza fría en situaciones de uno contra uno con las porteras.

F. NACIMIENTO	20/05/2002
POSICIÓN	DELANTERA
ESTATURA	1,73 M
DEBUT	2021
PIE PREFERIDO	DERECHO

GOLES
17

PENALTIS MARCADOS
1

APARICIONES
67

ASISTENCIAS
10

TASA DE CONVERSIÓN
8,0%

MINUTOS POR GOL
318

GOLES IZDA.
5

GOLES DCHA.
12

HAT-TRICKS
0

GOLES DE CABEZA
00

TIROS
213

PALMARÉS EN CLUBES
⚽ NWSL Championship: 2024
⚽ NWSL Challenge Cup: 2025

PALMARÉS INTERNACIONAL
⚽ Juegos Olímpicos: Oro 2024
⚽ Campeonato Femenino de CONCACAF: 2022
⚽ Copa Oro W de CONCACAF: 2024

ÁREAS DE ACTIVIDAD

FRIDOLINA ROLFÖ

Esta delantera zurda realiza carreras rápidas por la banda y sabe cuándo centrar al área o chutar desde lejos. Fridolina Rolfö tiene un buen juego aéreo en los saques de falta o de esquina, superando a su marcadora y mandando un cabezazo al fondo de la portería.

 **NACIONALIDAD**
Sueca

CLUB ACTUAL
Manchester United

 12

F. NACIMIENTO	24/11/1993
POSICIÓN	DELANTERA
ESTATURA	1,79 M
DEBUT	2008
PIE PREFERIDO	IZQUIERDO

GOLES
25

PENALTIS MARCADOS
6

APARICIONES
76

ASISTENCIAS
17

TASA DE CONVERSIÓN
23,1%

 GOLES IZDA.
16

MINUTOS POR GOL
200

 GOLES DCHA.
8

HAT-TRICKS
0

 GOLES DE CABEZA
1

 TIROS
108

PALMARÉS EN CLUBES
- Liga F: 2022, 2023, 2024, 2025
- UEFA Women's Champions League: 2023, 2024, subcampeona 2025
- Frauen Bundesliga: 2020 (VfL Wolfsburg)
- Copa de la Reina: 2022, 2024, 2025

PALMARÉS INTERNACIONAL
- Juegos Olímpicos: Plata 2016, plata 2020 (2021)
- Copa Mundial Femenina de la FIFA: Tercer puesto 2019, 2023

ÁREAS DE ACTIVIDAD

23

NACIONALIDAD
Inglesa

CLUB ACTUAL
Arsenal

ALESSIA RUSSO

El papel principal de Alessia Russo es marcar goles, pero su habilidad y su visión la convierten en mucho más que una finalizadora. Puede cooperar en áreas más profundas para lograr la posesión y, después, tira con efectividad. Cuidado con sus giros rápidos que desconciertan a las defensas y sirven para batir a las porteras.

F. NACIMIENTO	08/02/1999
POSICIÓN	DELANTERA CENTRO
ESTATURA	1,73 M
DEBUT	2016
PIE PREFERIDO	DERECHO

GOLES
41

PENALTIS MARCADOS
2

APARICIONES
74

ASISTENCIAS
9

TASA DE CONVERSIÓN
16,3%

GOLES IZDA.
6

MINUTOS POR GOL
142

GOLES DCHA.
29

HAT-TRICKS
1

GOLES DE CABEZA
6

TIROS
252

PALMARÉS EN CLUBES
⚽ FA Women's League Cup: 2024
⚽ UEFA Women's Champions League: 2025

PALMARÉS INTERNACIONAL
⚽ Campeonato de Europa Femenino de la UEFA: 2022, 2025
⚽ UEFA Women's Finalissima: 2023
⚽ Copa Mundial Femenina de la FIFA: Subcampeona 2023

ÁREAS DE ACTIVIDAD

LEA SCHÜLLER

Lea Schüller disfruta de la responsabilidad de ser una delantera *top* utilizando su fuerza y sus habilidades de contención para ganar impulso en el ataque. Los movimientos inteligentes de Schüller le ayudan a encontrar espacios pequeños en el área rival, y está lista para saltar por encima de las defensas y rematar de cabeza.

NACIONALIDAD
Alemana

CLUB ACTUAL
Bayern de Múnich

11

F. NACIMIENTO	12/11/1997
POSICIÓN	DELANTERA
ESTATURA	1,73 M
DEBUT	2013
PIE PREFERIDO	DERECHO

GOLES
41

PENALTIS MARCADOS
0

APARICIONES
85

ASISTENCIAS
13

TASA DE CONVERSIÓN
19,4%

GOLES IZDA.
5

MINUTOS POR GOL
131

GOLES DCHA.
20

HAT-TRICKS
0

GOLES DE CABEZA
15

TIROS
211

PALMARÉS EN CLUBES
⚽ Frauen-Bundesliga: 2021, 2023, 2024, 2025
⚽ DFB-Pokal Frauen: 2025

PALMARÉS INTERNACIONAL
⚽ Campeonato de Europa Femenino de la UEFA: Subcampeona 2022

ÁREAS DE ACTIVIDAD

2

NACIONALIDAD
Estadounidense

CLUB ACTUAL
Gotham FC

JAEDYN SHAW

Con una media de un gol cada tres partidos para EE. UU., la joven Jaedyn Shaw ya brilla en la élite. Versátil, atlética y creativa, Shaw es una gran jugadora de equipo que puede evaluar sus opciones con rapidez al acercarse al área. Es difícil defender contra ella, sobre todo cuando tiene el ojo puesto en la portería.

F. NACIMIENTO	20/11/2004
POSICIÓN	DELANTERA
ESTATURA	1,67 M
DEBUT	2022
PIE PREFERIDO	DERECHO

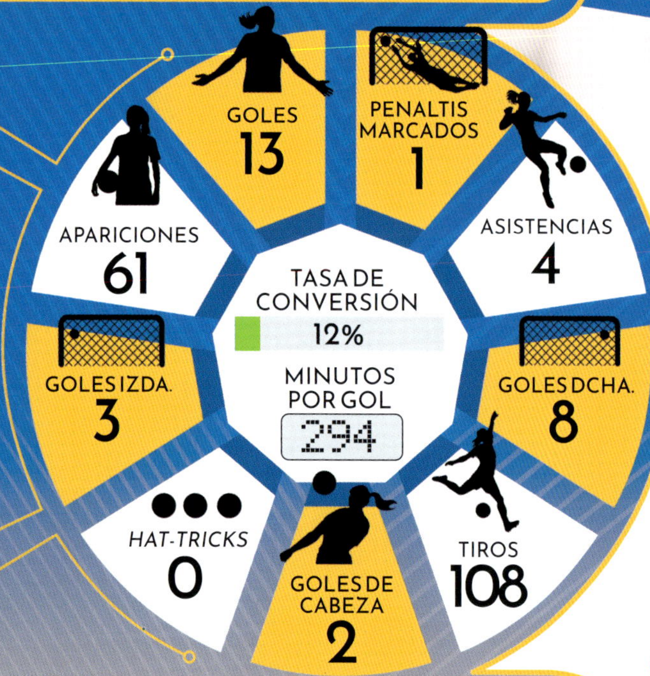

GOLES
13

PENALTIS MARCADOS
1

APARICIONES
61

ASISTENCIAS
4

TASA DE CONVERSIÓN
12%

MINUTOS POR GOL
294

GOLES IZDA.
3

GOLES DCHA.
8

HAT-TRICKS
0

GOLES DE CABEZA
2

TIROS
108

PALMARÉS EN CLUBES
⚽ NWSL Shield: 2023 (San Diego Wave)
⚽ NWSL Challenge Cup: 2024 (San Diego Wave)

PALMARÉS INTERNACIONAL
⚽ Copa Oro W de CONCACAF: 2024
⚽ Juegos Olímpicos: Oro 2024

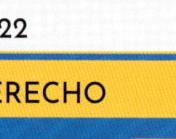

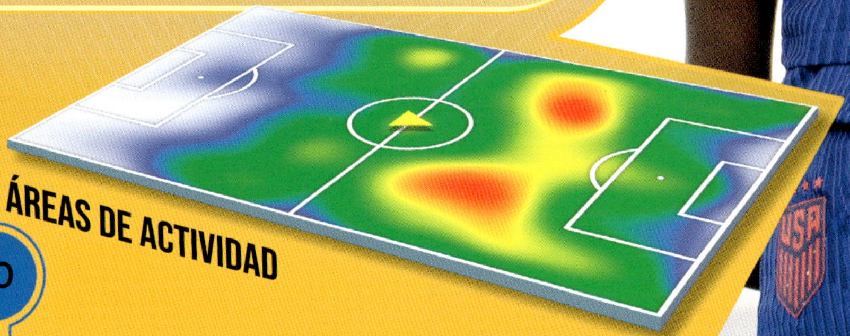

ÁREAS DE ACTIVIDAD

KHADIJA SHAW

En 2024, Khadija "Bunny" Shaw marcó su 68.º gol en solo 82 partidos con el Manchester City y se convirtió en la mayor goleadora de la historia del club. Su velocidad y su fuerza la convierten en una amenaza en el área y sus alrededores, y su potencia es difícil de contener. Además, Shaw solo necesita echar un vistazo breve a la portería para chutar.

NACIONALIDAD
Jamaicana

CLUB ACTUAL
Manchester City

9

F. NACIMIENTO	31/01/1997
POSICIÓN	DELANTERA CENTRO
ESTATURA	1,80 M
DEBUT	2018
PIE PREFERIDO	DERECHO

GOLES
56

PENALTIS MARCADOS
1

APARICIONES
58

ASISTENCIAS
11

TASA DE CONVERSIÓN
20,9%

GOLES IZDA.
10

MINUTOS POR GOL
80

GOLES DCHA.
24

HAT-TRICKS
5

GOLES DE CABEZA
22

TIROS
268

PALMARÉS EN CLUBES
⚽ Women's League Cup: 2022
⚽ Women's FA Cup: Subcampeona 2022

PALMARÉS INTERNACIONAL
⚽ Campeonato Femenino de CONCACAF: Tercer puesto 2018, 2022

ÁREAS DE ACTIVIDAD

9

NACIONALIDAD
Estadounidense

CLUB ACTUAL
Chicago Red Stars

MALLORY SWANSON

La adaptable Mallory Swanson es un regalo para cualquier entrenador. Puede operar en una formación con dos delanteras o liderar la línea como una nueve solitaria. La precisa delantera rara vez falla el tiro y golpea desde cualquier ángulo. Sus 38 goles y 31 asistencias en 103 partidos internacionales son la prueba de su calidad ante la portería.

F. NACIMIENTO	29/04/1998
POSICIÓN	DELANTERA
ESTATURA	1,63 M
DEBUT	2017
PIE PREFERIDO	DERECHO

APARICIONES
44

GOLES
19

PENALTIS MARCADOS
3

ASISTENCIAS
10

TASA DE CONVERSIÓN
15,1%

GOLES IZDA.
8

MINUTOS POR GOL
193

GOLES DCHA.
11

HAT-TRICKS
0

GOLES DE CABEZA
0

TIROS
126

PALMARÉS EN CLUBES
⚽ Nada hasta la fecha

PALMARÉS INTERNACIONAL
⚽ Copa Mundial Femenina de la FIFA: 2019
⚽ Juegos Olímpicos: Oro 2024
⚽ Campeonato Femenino de CONCACAF: 2022

ÁREAS DE ACTIVIDAD

SOPHIA WILSON

Sophia Wilson es una goleadora de élite que cada vez mejora más. Mantiene el control del balón con su increíble pie derecho y tiene un ritmo explosivo para colocarse en posiciones óptimas. Además, está dotada con gran potencia y precisión de tiro para poner a prueba a cualquier portera.

NACIONALIDAD
Estadounidense

CLUB ACTUAL
Portland Thorns

9

F. NACIMIENTO	10/08/2000
POSICIÓN	DELANTERA
ESTATURA	1,68 M
DEBUT	2020
PIE PREFERIDO	DERECHO

GOLES **38**

PENALTIS MARCADOS **6**

APARICIONES **58**

ASISTENCIAS **14**

TASA DE CONVERSIÓN **13,6%**

MINUTOS POR GOL **120**

GOLES IZDA. **15**

GOLES DCHA. **23**

HAT-TRICKS **2**

GOLES DE CABEZA **0**

TIROS **279**

PALMARÉS EN CLUBES
⚽ NWSL Championship: 2022
⚽ NWSL Challenge Cup: 2021
⚽ NWSL Shield: 2021

PALMARÉS INTERNACIONAL
⚽ Campeonato Femenino de CONCACAF: 2022
⚽ Copa Oro W de CONCACAF: 2024
⚽ Juegos Olímpicos: Oro 2024

ÁREAS DE ACTIVIDAD

PORTERAS

Aunque las delanteras ganan partidos, las porteras también juegan un papel enorme para ayudar a su equipo a proteger una victoria. Como última línea de defensa, sus acrobacias y reflejos cuando se enfrentan a un tiro a puerta pueden ser la diferencia entre ganar y perder. Una portera de éxito utiliza todas sus capacidades para controlar el área de penalti y, además de hacer paradas ágiles y valientes, necesita tener buena técnica para poner el balón en juego con los pies o las manos. No hay ninguna otra posición que dependa de una sola jugadora ni genere la misma presión.

¿QUÉ SIGNIFICAN ESTAS ESTADÍSTICAS?

BALONES ATRAPADOS
Es el número de veces que la portera ha detenido un ataque, normalmente un centro, cogiendo el balón.

PORTERÍA A CERO
Cualquier ocasión en la que la portera no haya encajado ningún gol durante todo el partido cuenta como portería a cero.

GOLES ENCAJADOS
Es el número de goles que ha encajado la portera en tres temporadas en el fútbol de primer nivel.

PENALTIS ENCARADOS/ PARADOS
Es el número de veces que una portera ha encarado un penalti (excluyendo las tandas) y el éxito que ha tenido parándolos.

DESPEJES DE PUÑOS
Es una medida de la frecuencia con la que la portera se ha enfrentado a un balón peligroso (normalmente un centro) despejando con el puño.

PARADAS
Muestra el número de veces que la portera ha detenido un tiro o cabezazo que iba a puerta.

¿Lo sabías?

Una tanda de penaltis (cuando cada equipo lanza penaltis al final de la prórroga) es algo dramático. La portera tiene la oportunidad de ser la heroína si los para e incluso, si es necesario, marcando un penalti también.

18

NACIONALIDAD
Australiana

CLUB ACTUAL
Portland Thorns

MACKENZIE ARNOLD

Las cuatro veces que Mackenzie Arnold mantuvo la portería a cero en la Copa Mundial de 2023 demuestran su buen rendimiento en los partidos importantes. Segura al atrapar y despejar de puños, también es buena parando penaltis; sus números tanto para su equipo como para su selección son prueba de su talento especial.

F. NACIMIENTO	25/02/1994
POSICIÓN	PORTERA
ESTATURA	1,81 M
DEBUT	2011
PIE PREFERIDO	DERECHO

GOLES ENCAJADOS
93

APARICIONES
50

PENALTIS PARADOS
5

PORTERÍAS A CERO
9

PARADAS
183

PENALTIS ENCARADOS
7

BALONES ATRAPADOS
34

DESPEJES DE PUÑOS
41

PALMARÉS EN CLUBES
⚽ A-League Premiership: 2014 (Perth Glory), 2018 (Brisbane Roar)

PALMARÉS INTERNACIONAL
⚽ Copa Mundial Femenina de la FIFA: Cuarto puesto 2023

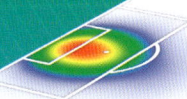

ÁREAS DE ACTIVIDAD

ANN-KATRIN BERGER

La alta Ann-Katrin Berger controla su área de manera excelente y se comunica con mucha efectividad con su defensa. Además de sus potentes saques de puerta, uno de sus puntos fuertes más notables es su concentración, que le permite hacer paradas rápidas cuando se encuentra de pronto con un tiro inesperado.

NACIONALIDAD
Alemana

CLUB ACTUAL
Gotham FC

30

F. NACIMIENTO	09/10/1990
POSICIÓN	PORTERA
ESTATURA	1,80 M
DEBUT	2009
PIE PREFERIDO	DERECHO

GOLES ENCAJADOS
53

APARICIONES
63

PENALTIS PARADOS
0

PARADAS
165

PORTERÍAS A CERO
25

PENALTIS ENCARADOS
7

BALONES ATRAPADOS
9

DESPEJES DE PUÑOS
26

PALMARÉS EN CLUBES
⚽ Women's Super League: 2020, 2021, 2022, 2023, 2024 (todas con Chelsea) ⚽ UEFA Women's Champions League: Subcampeona 2021 (Chelsea) ⚽ Women's FA Cup: 2021, 2022, 2023 (todas con Chelsea) ⚽ Frauen-Bundesliga: 2012 (Turbine Potsdam)

PALMARÉS INTERNACIONAL
⚽ Campeonato de Europa Femenino de la UEFA: Subcampeona 2022

ÁREAS DE ACTIVIDAD

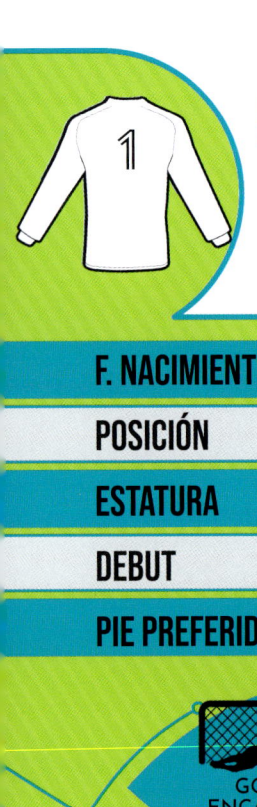

1

NACIONALIDAD
Estadounidense

CLUB ACTUAL
Houston Dash

F. NACIMIENTO	17/02/1995
POSICIÓN	PORTERA
ESTATURA	1,75 M
DEBUT	2017
PIE PREFERIDO	DERECHO

JANE CAMPBELL

Guardameta muy constante, Jane Campbell fue elegida mejor portera del año en la NWSL en 2023. Siempre está alerta en el área y es decisiva en sus salidas para atajar cualquier peligro. También muestra seguridad frente a los centros, elevándose por encima de las rivales para atrapar el balón.

GOLES ENCAJADOS
95

APARICIONES
76

PENALTIS PARADOS
1

PORTERÍAS A CERO
24

PARADAS
280

PENALTIS ENCARADOS
13

BALONES ATRAPADOS
5

DESPEJES DE PUÑOS
25

PALMARÉS EN CLUBES
⚽ NWSL Challenge Cup: 2020

PALMARÉS INTERNACIONAL
⚽ Copa Oro W de CONCACAF: 2024
⚽ Juegos Olímpicos: Bronce 2020 (2021)

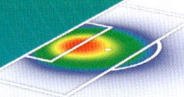

ÁREAS DE ACTIVIDAD

CATALINA COLL

Catalina Coll debutó con España en la Copa Mundial de 2023. Su talento y sus magníficos reflejos quedaron de manifiesto desde los octavos de final y mantuvo su puesto hasta la final. Su estilo es jugar desde atrás y hacer pases perfectos para superar la presión de las rivales y que su equipo inicie el ataque.

NACIONALIDAD
Española

CLUB ACTUAL
Barcelona

13

F. NACIMIENTO	23/04/2001
POSICIÓN	PORTERA
ESTATURA	1,70 M
DEBUT	2015
PIE PREFERIDO	DERECHO

GOLES ENCAJADOS
25

APARICIONES
8

PENALTIS PARADOS
0

PARADAS
65

PORTERÍAS A CERO
34

PENALTIS ENCARADOS
1

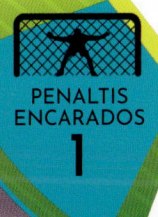
DESPEJES DE PUÑOS
7

BALONES ATRAPADOS
1

PALMARÉS EN CLUBES
⚽ Liga F: 2021, 2022, 2023, 2024, 2025
⚽ UEFA Women's Champions League: 2021, 2023, 2024, subcampeona 2025
⚽ Copa de la Reina: 2021, 2022, 2025

PALMARÉS INTERNACIONAL
⚽ Copa Mundial Femenina de la FIFA: 2023
⚽ UEFA Women's Nations League: 2024
⚽ Campeonato de Europa Femenino de la UEFA: Subcampeona 2025

ÁREAS DE ACTIVIDAD

89

27

NACIONALIDAD
Inglesa

CLUB ACTUAL
Paris Saint-Germain

MARY EARPS

Gracias a su brillantez técnica, Mary Earps hace que las paradas difíciles parezcan fáciles. También atrapa y despeja de puños bien, y transmite esa confianza a las defensas. Earps es la primera portera en conseguir mantener la portería a cero 50 veces en la WSL antes de irse a Francia. Earps se retiró de la selección en 2025.

F. NACIMIENTO	07/03/1993
POSICIÓN	PORTERA
ESTATURA	1,73 M
DEBUT	2009
PIE PREFERIDO	DERECHO

GOLES ENCAJADOS
61

APARICIONES
66

PENALTIS PARADOS
0

PARADAS
151

PORTERÍAS A CERO
31

PENALTIS ENCARADOS
3

DESPEJES DE PUÑOS
27

BALONES ATRAPADOS
14

PALMARÉS EN CLUBES
⚽ Women's FA Cup: 2024 (Manchester Utd)
⚽ Frauen-Bundesliga: 2019 (VfL Wolfsburg)
⚽ DFB-Pokal Frauen: 2019 (VfL Wolfsburg)

PALMARÉS INTERNACIONAL
⚽ Campeonato de Europa Femenino de la UEFA: 2022
⚽ Copa Mundial Femenina de la FIFA: Subcampeona 2023
⚽ Women's Finalissima: 2023

ÁREAS DE ACTIVIDAD

90

CHRISTIANE ENDLER

Los saltos acrobáticos para los balones altos y los reflejos rápidos para bloquear tiros bajos hacen a Christiane Endler muy difícil de batir. Su constitución alta y atlética le da una gran ventaja en los uno contra uno, y su reputación como portera de primer nivel es muy evidente.

NACIONALIDAD
Chilena

CLUB ACTUAL
Lyon

F. NACIMIENTO	23/07/1991
POSICIÓN	PORTERA
ESTATURA	1,82 M
DEBUT	2008
PIE PREFERIDO	IZQUIERDO

GOLES ENCAJADOS
49

APARICIONES
85

PENALTIS PARADOS
2

PARADAS
140

PORTERÍAS A CERO
49

PENALTIS ENCARADOS
5

DESPEJES DE PUÑOS
7

BALONES ATRAPADOS
4

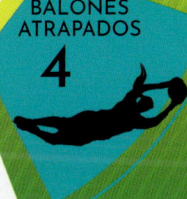

PALMARÉS EN CLUBES
⚽ Première Ligue (Division 1 Féminine): 2021 (PSG), 2022, 2023, 2024, 2025
⚽ UEFA Women's Champions League: 2022, subcampeona 2024
⚽ Coupe de France Féminine: 2018 (PSG), 2023

PALMARÉS INTERNACIONAL
⚽ Copa America Femenina: Subcampeona 2018
⚽ Juegos Panamericanos: Plata 2023

ÁREAS DE ACTIVIDAD

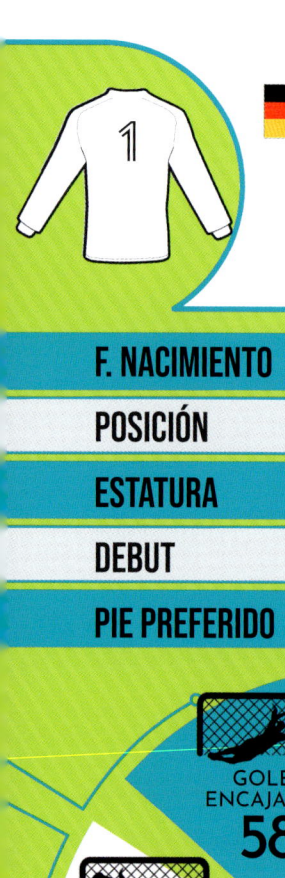

NACIONALIDAD
Alemana

CLUB ACTUAL
VfL Wolfsburg

MERLE FROHMS

Merle Frohms, que disfruta de la batalla por mantener su puesto en su club y su selección, nunca baja su rendimiento. Agresiva pero tranquila con sus habilidades para manejar el balón y capaz de hacer pases tan buenos como una centrocampista refinada, ofrece el *pack* completo bajo los palos.

F. NACIMIENTO	28/01/1995
POSICIÓN	PORTERA
ESTATURA	1,75 M
DEBUT	2012
PIE PREFERIDO	DERECHO

GOLES ENCAJADOS
58

APARICIONES
68

PENALTIS PARADOS
0

PORTERÍAS A CERO
31

PARADAS
141

PENALTIS ENCARADOS
8

BALONES ATRAPADOS
4

DESPEJES DE PUÑOS
25

PALMARÉS EN CLUBES
⚽ Frauen-Bundesliga: 2013, 2014, 2017, 2018
⚽ UEFA Women's Champions League: 2013, 2014
⚽ DFB-Pokal Frauen: 2013, 2015, 2016, 2017, 2018

PALMARÉS INTERNACIONAL
⚽ Campeonato de Europa Femenino de la UEFA: Subcampeona 2022

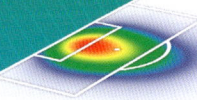

ÁREAS DE ACTIVIDAD

MARIA LUISA GROHS

Portera de primera clase con una inteligencia posicional acorde, Maria Luisa Grohs está destinada a ser una portera heroína en próximas temporadas. Trabaja duro para mejorar año tras año, sobre todo en lo que respecta a su forma física, su habilidad para golpear el balón con el pie y su valor en el campo.

NACIONALIDAD
Alemana

CLUB ACTUAL
Bayern de Múnich

22

F. NACIMIENTO	13/06/2001
POSICIÓN	PORTERA
ESTATURA	1,80 M
DEBUT	2019
PIE PREFERIDO	DERECHO

GOLES ENCAJADOS
49

APARICIONES
71

PENALTIS PARADOS
3

PARADAS
155

PORTERÍAS A CERO
40

PENALTIS ENCARADOS
6

DESPEJES DE PUÑOS
14

BALONES ATRAPADOS
11

PALMARÉS EN CLUBES
⚽ Frauen-Bundesliga: 2021, 2023, 2024, 2025
⚽ DFB-Pokal Frauen: 2025

PALMARÉS INTERNACIONAL
⚽ Nada hasta la fecha

ÁREAS DE ACTIVIDAD

93

24

🏴󠁧󠁢󠁥󠁮󠁧󠁿 **NACIONALIDAD**
Inglesa

CLUB ACTUAL
Chelsea

HANNAH HAMPTON

Hannah Hampton detiene chutes con clase y no solo posee gran agilidad y reflejos rápidos, sino que también tiene habilidad para la distribución y puede sacar con el pie o la mano con precisión a una compañera para armar ataques rápidos. En la temporada 2024/2025, Hampton se convirtió en la portera más joven en lograr 100 apariciones en la WSL.

F. NACIMIENTO	16/11/2000
POSICIÓN	PORTERA
ESTATURA	1,73 M
DEBUT	2017
PIE PREFERIDO	DERECHO

GOLES ENCAJADOS
62

APARICIONES
56

PENALTIS PARADOS
1

PARADAS
151

PORTERÍAS A CERO
27

PENALTIS ENCARADOS
3

BALONES ATRAPADOS
11

DESPEJES DE PUÑOS
17

PALMARÉS EN CLUBES
⚽ Women's Super League: 2024, 2025
⚽ Women's FA Cup: 2025
⚽ Women's FA League Cup: 2025

PALMARÉS INTERNACIONAL
⚽ Campeonato de Europa Femenino de la UEFA: 2022, 2025
⚽ UEFA Women's Finalissima: 2023
⚽ Copa Mundial Femenina de la FIFA: Subcampeona 2023

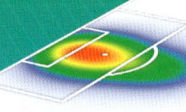

ÁREAS DE ACTIVIDAD

AUBREY RENEE KINGSBURY

NACIONALIDAD
Estadounidense

CLUB ACTUAL
Washington Spirit

Las porteras no suelen ganar la corona a la MVP del NWSL Championship, pero Aubrey Kingsbury puede presumir de esa distinción. Además de sus cualidades atléticas, la veterana portera es también una maestra en el control del área y la organización de su equipo para defender jugadas a balón parado peligrosas.

F. NACIMIENTO	20/11/1991
POSICIÓN	PORTERA
ESTATURA	1,75 M
DEBUT	2014
PIE PREFERIDO	DERECHO

GOLES ENCAJADOS
97

APARICIONES
77

PENALTIS PARADOS
3

PORTERÍAS A CERO
17

PARADAS
227

PENALTIS ENCARADOS
15

BALONES ATRAPADOS
8

DESPEJES DE PUÑOS
28

PALMARÉS EN CLUBES
⚽ NWSL Championship: 2021
⚽ NWSL Challenge Cup: 2025

PALMARÉS INTERNACIONAL
⚽ Campeonato Femenino de CONCACAF: 2022

ÁREAS DE ACTIVIDAD

NACIONALIDAD
Estadounidense

CLUB ACTUAL
North Carolina Courage

CASEY MURPHY

Casey Murphy ya ha dejado huella en el escenario mundial al mantener la portería a cero 15 veces, una cifra formidable, en sus primeros 20 partidos internacionales con la selección absoluta. Portera alta, tiene la envergadura y las muñecas adecuadas para despejar el balón y sobrepasar a las rivales al detener centros.

F. NACIMIENTO	25/04/1996
POSICIÓN	PORTERA
ESTATURA	1,85 M
DEBUT	2018
PIE PREFERIDO	DERECHO

GOLES ENCAJADOS
88

APARICIONES
75

PENALTIS PARADOS
1

PARADAS
222

PORTERÍAS A CERO
24

PENALTIS ENCARADOS
8

DESPEJES DE PUÑOS
33

BALONES ATRAPADOS
10

PALMARÉS EN CLUBES
⚽ NWSL Challenge Cup: 2022, 2023

PALMARÉS INTERNACIONAL
⚽ Campeonato Femenino de CONCACAF: 2022
⚽ Copa Oro W de CONCACAF: 2024
⚽ Juegos Olímpicos: Oro 2024

ÁREAS DE ACTIVIDAD

ZEĆIRA MUŠOVIĆ

Zećira Mušović se está convirtiendo con rapidez en una portera de primer nivel en el Chelsea, ya que tiene que luchar por el puesto con las otras guardametas de élite del equipo. Es muy buena deteniendo los chutes, capaz de saltar a las escuadras o estirarse en el suelo para parar tiros largos. También es conocida por su distribución rápida y precisa.

NACIONALIDAD
Sueca

CLUB ACTUAL
Chelsea

1

F. NACIMIENTO	26/05/1996
POSICIÓN	PORTERA
ESTATURA	1,80 M
DEBUT	2011
PIE PREFERIDO	DERECHO

GOLES ENCAJADOS
16

APARICIONES
26

PENALTIS PARADOS
0

PARADAS
61

PORTERÍAS A CERO
13

PENALTIS ENCARADOS
4

DESPEJES DE PUÑOS
6

BALONES ATRAPADOS
5

PALMARÉS EN CLUBES
⚽ Women's Super League: 2021, 2022, 2023, 2024, 2025
⚽ Women's FA Cup: 2022, 2023, 2025
⚽ Women's FA League Cup: 2021, 2025
⚽ Damallsvenskan: 2013, 2014, 2015 (todas con FC Rosengard)

PALMARÉS INTERNACIONAL
⚽ Copa Mundial Femenina de la FIFA: Tercer puesto 2019, 2023
⚽ Juegos Olímpicos: Plata 2020 (2021)

ÁREAS DE ACTIVIDAD

97

1

NACIONALIDAD
Estadounidense

CLUB ACTUAL
Chicago Stars

ALYSSA NAEHER

Alyssa Naeher, doble campeona de la Copa Mundial, es alabada por su presencia serena y sosegada en la portería. Es una líder natural, buena al organizar a la defensa para neutralizar amenazas en jugadas a balón parado e inspira confianza en el resto del equipo. Su condición física, su técnica en las paradas y el alcance de sus pases son admirables.

F. NACIMIENTO	20/04/1988
POSICIÓN	PORTERA
ESTATURA	1,75 M
DEBUT	2008
PIE PREFERIDO	DERECHO

GOLES ENCAJADOS
134

APARICIONES
75

PENALTIS PARADOS
1

PORTERÍAS A CERO
17

PARADAS
251

BALONES ATRAPADOS
6

PENALTIS ENCARADOS
14

DESPEJES DE PUÑOS
30

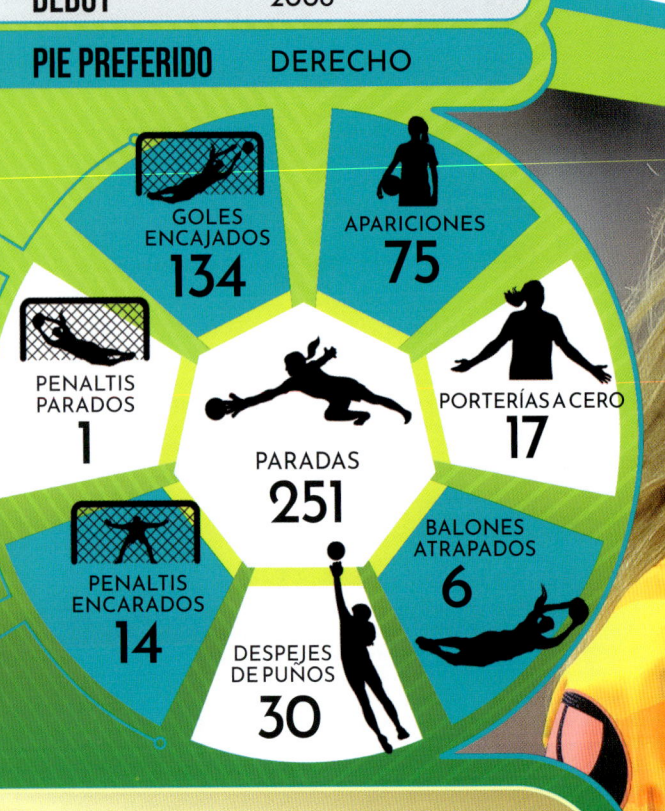

PALMARÉS EN CLUBES
⚽ Nada hasta la fecha

PALMARÉS INTERNACIONAL
⚽ Copa Mundial Femenina de la FIFA: 2015, 2019
⚽ Campeonato Femenino de CONCACAF: 2018, 2022
⚽ Copa Oro W de CONCACAF: 2024
⚽ Juegos Olímpicos: Oro 2024

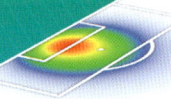

ÁREAS DE ACTIVIDAD

CHIAMAKA NNADOZIE

Los entrenadores de Chiamaka Nnadozie alaban su consistencia y su impacto como portera en los escenarios más importantes. Nunca tiene miedo de salir y cortar el balón o de saltar más que las rivales para atraparlo; sigue siendo la principal portera de África y es una jugadora muy fiable.

NACIONALIDAD
Nigeriana

CLUB ACTUAL
Paris FC

16

F. NACIMIENTO	08/12/2000
POSICIÓN	PORTERA
ESTATURA	1,80 M
DEBUT	2016
PIE PREFERIDO	DERECHO

GOLES ENCAJADOS
66

APARICIONES
66

PENALTIS PARADOS
4

PARADAS
176

PORTERÍAS A CERO
28

PENALTIS ENCARADOS
9

DESPEJES DE PUÑOS
32

BALONES ATRAPADOS
4

PALMARÉS EN CLUBES
⚽ Coupe de France Féminine: 2025
⚽ Nigerian Women's Championship: 2016 (Rivers Angels)
⚽ Nigerian Women's Cup: 2016, 2017, 2018 (todas con Rivers Angels)

PALMARÉS INTERNACIONAL
⚽ Copa Africana de Naciones Femenina: 2018
⚽ Juegos Africanos: 2019

ÁREAS DE ACTIVIDAD

1

NACIONALIDAD
Española

CLUB ACTUAL
Club América

SANDRA PAÑOS

Las porteras modernas deben tener seguridad con ambas manos y ambos pies, y Sandra Paños es un buen ejemplo. Se siente cómoda saliendo del área para conectar pases y también tiene un sentido maravilloso de la posición que reduce las opciones de marcar de sus rivales. En 2024, dejó el Barcelona tras nueve temporadas y ahora juega en la liga mexicana.

F. NACIMIENTO	04/11/1992
POSICIÓN	PORTERA
ESTATURA	1,69 M
DEBUT	2010
PIE PREFERIDO	DERECHO

GOLES ENCAJADOS
27

APARICIONES
46

PENALTIS PARADOS
2

PORTERÍAS A CERO
26

PARADAS
64

PENALTIS ENCARADOS
3

BALONES ATRAPADOS
4

DESPEJES DE PUÑOS
7

PALMARÉS EN CLUBES
⚽ Primera División: 2020, 2021, 2022, 2023, 2024 (todas con Barcelona) ⚽ UEFA Women's Champions League: 2021, 2023, 2024 (todas con Barcelona) ⚽ Copa de la Reina: 2017, 2018, 2020, 2021, 2022, 2024 (todas con Barcelona)

PALMARÉS INTERNACIONAL
⚽ Nada hasta la fecha

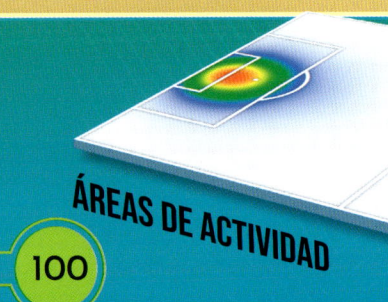

ÁREAS DE ACTIVIDAD

KAILEN SHERIDAN

Kailen Sheridan, que está entre las mejores porteras-líberas de Canadá, siempre está pendiente del juego antes de que llegue a ella, lista para hacer pases que pueden abrir a un equipo. Es una figura imponente atrás, detiene cabezazos y chutes y puede despejar de puños un peligro claro si es la mejor opción.

NACIONALIDAD
Canadiense

CLUB ACTUAL
San Diego Wave

1

F. NACIMIENTO	16/07/1995
POSICIÓN	PORTERA
ESTATURA	1,77 M
DEBUT	2013
PIE PREFERIDO	DERECHO

GOLES ENCAJADOS
82

APARICIONES
74

PENALTIS PARADOS
3

PORTERÍAS A CERO
25

PARADAS
234

PENALTIS ENCARADOS
14

BALONES ATRAPADOS
14

DESPEJES DE PUÑOS
24

PALMARÉS EN CLUBES
⚽ NWSL Shield: 2023
⚽ NWSL Challenge Cup: 2024

PALMARÉS INTERNACIONAL
⚽ Juegos Olímpicos: Oro 2020 (2021)

ÁREAS DE ACTIVIDAD

14

NACIONALIDAD
Holandesa

CLUB ACTUAL
Arsenal

DAPHNE VAN DOMSELAAR

La última temporada de Daphne van Domselaar ha traído actuaciones sólidas en liga, copa y competiciones europeas para garantizar su puesto como portera titular del Arsenal. Sus mejores cualidades incluyen atrapar o despejar de puños de forma decisiva bajo presión e imponerse en situaciones de uno contra uno.

F. NACIMIENTO	06/03/2000
POSICIÓN	PORTERA
ESTATURA	1,76 M
DEBUT	2017
PIE PREFERIDO	DERECHO

GOLES ENCAJADOS
45

APARICIONES
36

PENALTIS PARADOS
0

PORTERÍAS A CERO
16

PARADAS
106

BALONES ATRAPADOS
7

PENALTIS ENCARADOS
4

DESPEJES DE PUÑOS
12

PALMARÉS EN CLUBES
⚽ UEFA Women's Champions League: 2025
⚽ Women's Eredivisie: 2019, 2021, 2022 (todas con Twente)

PALMARÉS INTERNACIONAL
⚽ Nada hasta la fecha

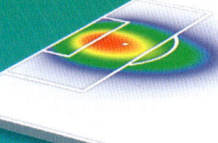

ÁREAS DE ACTIVIDAD

LYDIA WILLIAMS

Pese a haber superado las 100 convocatorias con su selección y tener una carrera estelar en las mejores ligas del mundo, Lydia Williams sigue queriendo jugar y ganar. Tiene unas manos seguras cuando se enfrenta a amenazas aéreas y es buena a la hora de prever los chutes, lo que le da un momento para reaccionar antes.

NACIONALIDAD
Australiana

CLUB ACTUAL
Melbourne Victory

F. NACIMIENTO	13/05/1988
POSICIÓN	PORTERA
ESTATURA	1,75 M
DEBUT	2008
PIE PREFERIDO	DERECHO

GOLES ENCAJADOS
35

APARICIONES
19

PENALTIS PARADOS
0

PARADAS
52

PORTERÍAS A CERO
4

PENALTIS ENCARADOS
1

DESPEJES DE PUÑOS
12

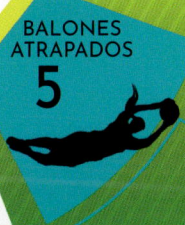

BALONES ATRAPADOS
5

PALMARÉS EN CLUBES
- A-League Championship: 2012 (Canberra United FC), 2020 (Melbourne City)
- A-League Premiership: 2012, 2014 (todas con Canberra United FC), 2020 (Melbourne City)

PALMARÉS INTERNACIONAL
- Copa Asiática Femenina de la AFC: 2010

ÁREAS DE ACTIVIDAD

ENTRENADORES

Los entrenadores no pueden marcar goles o hacer paradas, pero su trabajo y sus decisiones son cruciales para el modo en que juegan sus equipos. El entrenador elige a los jugadores para cada partido y decide tácticas y sustituciones. Entrenan al equipo, ayudan a comprar y vender jugadores y hablan con los medios. El entrenador es el representante del club. Sin embargo, cada entrenador es diferente. Algunos fueron grandes jugadores, otros tuvieron poco éxito en el campo antes de hacerse cargo del banquillo. En esta sección vamos a fijarnos en 12, en los trofeos que han ganado y en qué los sitúa como los mejores entrenadores del fútbol femenino.

¿QUÉ SIGNIFICAN ESTAS ESTADÍSTICAS?

PARTIDOS DIRIGIDOS

Es el número de partidos que ha dirigido el entrenador durante las temporadas de 2022/2023 a 2024/2025 en el fútbol de primer nivel. Para los entrenadores que trabajan (o trabajaban) en la NWSL, las fechas se refieren a las temporadas de 2022 a 2024.

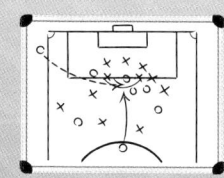

EQUIPOS ENTRENADOS

La cifra se refiere al número de clubes (solo primeros equipos) que ha dirigido el entrenador durante su carrera hasta la fecha.

VICTORIAS

Es el número de partidos que ha ganado, empatado o perdido el entrenador durante el periodo de tres temporadas, incluyendo uno de los partidos de una eliminatoria a dos partidos, incluso si la eliminatoria se perdió con la suma de goles o en los penaltis.

TÍTULOS Y TROFEOS

Los tres campos incluyen los éxitos del entrenador durante el periodo de dos temporadas en las categorías domésticas, copas de liga y nacionales y competiciones de clubes intercontinentales.

¿Lo sabías?

Sonia Bompastor pasó de entrenar al Lyon a hacerse cargo del Chelsea en 2024. Ganó tres trofeos nacionales con el club londinense en su primera temporada, incluido el título de la WSL en mayo de 2025.

JUAN CARLOS AMORÓS

NACIONALIDAD
Española

CLUB ACTUAL
Gotham FC

Juan Carlos Amorós es muy eficaz a la hora de mejorar a las jugadoras de su equipo y cambiar la suerte de un club. Exige una disposición organizada, pero, en cuanto su equipo se hace con la posesión, pueden surgir oportunidades de ataque. Juan Carlos Amorós fue elegido entrenador del año de la NWSL de 2023.

AÑOS COMO ENTRENADOR: 14

PRIMER CLUB: TOTTENHAM WOMEN

CLUBES ENTRENADOS	PARTIDOS	TÍTULOS DE LIGA
4	75	1

PALMARÉS EN CLUBES
⚽ NWSL Championship: 2023

VICTORIAS	EMPATES	DERROTAS
38	19	18

TROFEOS DE CHAMPIONS LEAGUE	OTROS TROFEOS
0	0

*Excluyendo supercopas

SONIA BOMPASTOR

NACIONALIDAD
Francesa

CLUB ACTUAL
Chelsea

Después de ocho años entrenando en la academia del Lyon, Bompastor se hizo cargo del primer equipo con un éxito instantáneo. En 2022, se convirtió en la primera en ganar la Women's Champions League como jugadora y como entrenadora. A las rivales les cuesta contener la flexibilidad de su equipo entre un sistema 4-3-3 y 4-2-3-1. Bompastor se unió al Chelsea en 2024.

AÑOS COMO ENTRENADORA: 4

PRIMER CLUB: LYON

CLUBES ENTRENADOS	PARTIDOS	TÍTULOS DE LIGA
2	97	4

PALMARÉS EN CLUBES
⚽ UEFA Women's Champions League: 2022, subcampeona 2024 (todas con Lyon)
⚽ WSL: 2025
⚽ Women's FA Cup: 2025
⚽ Women's FA League Cup: 2025
⚽ Division 1 Féminine: 2022, 2023, 2024 (todas con Lyon)
⚽ Coupe de France Féminine: 2023 (Lyon)
⚽ Trophée des Championnes: 2022, 2023 (todas con Lyon)

VICTORIAS	EMPATES	DERROTAS
80	9	8

TROFEOS DE CHAMPIONS LEAGUE	OTROS TROFEOS
1	5

*Excluyendo supercopas

JONAS EIDEVALL

Apasionado en la línea de banda, Jonas Eidevall es un entrenador muy técnico que anima a su equipo a jugar desde atrás. También ordena a sus jugadoras presionar con fuerza cuando no tienen el balón. Sus atacantes suelen jugar por las bandas, atormentando a las laterales y conectando con una delantera centro potente alrededor del área.

NACIONALIDAD
Sueca

CLUB ACTUAL
San Diego Wave

AÑOS COMO ENTRENADOR: 16

PRIMER CLUB: LUNDS BK

CLUBES ENTRENADOS	PARTIDOS	TÍTULOS DE LIGA
4	68	3

VICTORIAS	EMPATES	DERROTAS
42	10	16

TROFEOS DE CHAMPIONS LEAGUE	OTROS TROFEOS
0	3

PALMARÉS EN CLUBES
- Damallsvenskan: 2013, 2014, 2019 (FC Rosengard)
- Women's FA League Cup: 2023, 2024 (todas con Arsenal)

*Excluyendo supercopas

JONATAN GIRÁLDEZ

Giráldez pasó a entrenar en la NWSL en 2024 tras convertir al Barcelona en un equipo formidable. Su éxito en la liga española y en Europa demostraron que podía gestionar la presión de entrenar en EE. UU. Mantener la posesión, desarrollar el talento individual y crear un *ethos* de equipo fuerte son sus señas de identidad.

NACIONALIDAD
Española

CLUB ACTUAL
Washington Spirit

AÑOS COMO ENTRENADOR: 4

PRIMER CLUB: BARCELONA

CLUBES ENTRENADOS	PARTIDOS	TÍTULOS DE LIGA
2	105	3

VICTORIAS	EMPATES	DERROTAS
89	7	9

TROFEOS DE CHAMPIONS LEAGUE	OTROS TROFEOS
2	5

PALMARÉS EN CLUBES
- NWSL Challenge Cup: 2025
- UEFA Women's Champions League: 2023, 2024 (todas con Barcelona)
- Liga F: 2022, 2023, 2024 (todas con Barcelona)
- Copa de la Reina: 2022, 2024 (todas con Barcelona)
- Supercopa de España: 2022, 2023, 2024 (todas con Barcelona)

*Excluyendo supercopas

LAURA HARVEY

Con trofeos en Inglaterra y en EE. UU., Laura Harvey se centra en pequeños detalles que pueden marcar una gran diferencia durante un partido. Cada jugadora conoce su función en las fases de ataque y de defensa, y dar libertad a las extremos es el camino que Laura Harvey elige para derrotar a los equipos que se cierran atrás.

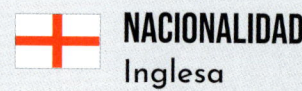

NACIONALIDAD
Inglesa

CLUB ACTUAL
Seattle Reign FC

AÑOS COMO ENTRENADORA: 18

PRIMER CLUB: BIRMINGHAM CITY

CLUBES ENTRENADOS	PARTIDOS	TÍTULOS DE LIGA
4	83	3

VICTORIAS	EMPATES	DERROTAS
32	19	32

TROFEOS DE CHAMPIONS LEAGUE	OTROS TROFEOS
0	7

PALMARÉS EN CLUBES
- NWSL Shield: 2014, 2015, 2022
- Women's Super League: 2011, 2012 (Arsenal)
- Women's Premier League: 2010 (Arsenal)
- Women's FA Cup: 2011 (Arsenal)

*Excluyendo supercopas

SEB HINES

Aunque Seb Hines era defensa en su carrera como jugador, sus tácticas y estilo de entrenar con el Orlando Pride permiten actuaciones expansivas y entretenidas. Su equipo puede presionar arriba contra rivales más débiles o utilizar un bloque bajo para absorber la presión cuando se enfrenta a equipos más fuertes. Es un entrenador joven con mucho talento.

NACIONALIDAD
Inglesa

CLUB ACTUAL
Orlando Pride

AÑOS COMO ENTRENADOR: 3

PRIMER CLUB: ORLANDO PRIDE

CLUBES ENTRENADOS	PARTIDOS	TÍTULOS DE LIGA
1	75	1

VICTORIAS	EMPATES	DERROTAS
39	13	23

TROFEOS DE CHAMPIONS LEAGUE	OTROS TROFEOS
0	1

PALMARÉS EN CLUBES
- NWSL Shield: 2024
- NWSL Championship: 2024

*Excluyendo supercopas

JEFF HOPKINS

Jeff Hopkins, el entrenador con más éxito de la A-League (antigua W-League), exprime al máximo el talento de sus jugadoras. Fusionando la veteranía con los talentos nuevos, el entrenador proporciona una gran confianza a su equipo para superar cualquier reto al que se enfrente con tácticas muy bien ensayadas y asimiladas.

NACIONALIDAD
Galesa

CLUB ACTUAL
Melbourne Victory

AÑOS COMO ENTRENADOR: 26

PRIMER CLUB: GIPPSLAND FALCONS

CLUBES ENTRENADOS	PARTIDOS	TÍTULOS DE LIGA
3	69	0

VICTORIAS	EMPATES	DERROTAS
35	22	12

TROFEOS DE CHAMPIONS LEAGUE	OTROS TROFEOS
N/A	0

PALMARÉS EN CLUBES
- ⚽ A-League: Premiers 2019
- ⚽ A-League: Champions 2021, 2022
- ⚽ A-League: Premiers 2009 (Brisbane Roar Women's)
- ⚽ A-League: Champions 2009, 2011 (Brisbane Roar Women's)

*Excluyendo supercopas

ANTE JURIC

El Sydney FC de Ante Juric está muy bien preparado para luchar por títulos todos los años, ya que es una unidad defensiva potente y tiene buena visión de la posesión y energía en sus ataques. Su estilo 4-3-3 puede pasar a uno con tres defensas si se necesitan más jugadoras en el centro del campo para superar a las rivales.

NACIONALIDAD
Australiana

CLUB ACTUAL
Sydney FC

AÑOS COMO ENTRENADOR: 8

PRIMER CLUB: SYDNEY FC

CLUBES ENTRENADOS	PARTIDOS	TÍTULOS DE LIGA
3	69	0

VICTORIAS	EMPATES	DERROTAS
35	12	22

TROFEOS DE CHAMPIONS LEAGUE	OTROS TROFEOS
0	0

PALMARÉS EN CLUBES
- ⚽ A-League: Premiers 2021, 2022, 2023, 2024
- ⚽ A-League: Champions 2019, 2023

*Excluyendo supercopas

JOE MONTEMURRO

Maestro a la hora de infundir confianza en sus jugadoras para expresar sus habilidades individuales y también trabajar para el equipo, Joe Montemurro está entre los mejores entrenadores del fútbol femenino. Prepara a conciencia cada partido y, a menudo, puede hacer ajustes desde la línea de banda para cambiar el resultado a favor de su equipo.

NACIONALIDAD
Australiana

CURRENT TEAM
Selección nacional femenina de Australia

AÑOS COMO ENTRENADOR: 19

PRIMER CLUB: SUNSHINE GEORGE CROSS

CLUBES ENTRENADOS	PARTIDOS	TÍTULOS DE LIGA
3	84	4

VICTORIAS	EMPATES	DERROTAS
63	12	9

TROFEOS DE CHAMPIONS LEAGUE	OTROS TROFEOS
0	5

PALMARÉS EN CLUBES
- ⚽ Première Ligue: 2025
- ⚽ Serie A: 2022 (Juventus)
- ⚽ Coppa Italia: 2022, 2023 (todas con Juventus)
- ⚽ Women's Super League: 2019 (Arsenal)
- ⚽ Women's FA League Cup: 2018 (Arsenal)

*Excluyendo supercopas

CASEY STONEY

Tras ser elegida entrenadora del año de la NWSL en 2022, Casey Stoney ganó la Shield y la Challenge Cup los dos años siguientes. Su equipo es valiente con la posesión y crea patrones de ataque que obligan a las rivales a usar su energía para perseguir y quedarse detrás del balón. En 2025, dejó la NWSL para entrenar en el escenario internacional.

NACIONALIDAD
Inglesa

CURRENT TEAM
Selección nacional femenina de Canadá

AÑOS COMO ENTRENADORA: 16

PRIMER CLUB: CHELSEA

CLUBES ENTRENADOS	PARTIDOS	TÍTULOS DE LIGA
3	61	1

VICTORIAS	EMPATES	DERROTAS
25	16	20

TROFEOS DE CHAMPIONS LEAGUE	OTROS TROFEOS
0	2

PALMARÉS EN CLUBES
- ⚽ FA Women's Championship: 2019 (Manchester United)
- ⚽ NWSL Shield: 2023 (San Diego Wave)
- ⚽ NWSL Challenge Cup: 2024 (San Diego Wave)

*Excluyendo supercopas

ALEXANDER STRAUS

Straus dominó la liga alemana desde que se unió al Bayern en 2022, donde solo perdió un partido de liga en sus dos primeras temporadas. Su estilo es hacerse con el control del juego pronto, dando a su equipo instrucciones de que sobrecarguen el centro del campo y creen ocasiones de gol. Straus llevó su estilo ofensivo al Angel City FC en verano de 2025.

NACIONALIDAD
Noruega

CLUB ACTUAL
Angel City FC

AÑOS COMO ENTRENADOR: 7

PRIMER CLUB: NEST-SOTRA

CLUBES ENTRENADOS	PARTIDOS	TÍTULOS DE LIGA
3	88	4

VICTORIAS	EMPATES	DERROTAS
68	12	8

TROFEOS DE CHAMPIONS LEAGUE	OTROS TROFEOS
0	1

PALMARÉS EN CLUBES
- ⚽ Frauen Bundesliga: 2023, 2024 (todas con Bayern de Múnich)
- ⚽ Toppserien: 2021, 2022 (todas con SK Brann)
- ⚽ DFB-Supercu: 2024 (Bayern de Múnich)

*Excluyendo supercopas

TOMMY STROOT

Tommy Stroot cumplió 37 años en 2025, pero ya tiene una carrera impresionante gracias a sus habilidades en el campo de entrenamiento y desde la banda durante los partidos. El alemán sabe cómo gestionar las exigencias de las agendas apretadas de la liga y las competiciones europeas, y ha organizado una formación 4-3-3 o 4-2-3-1 que crea muchas ocasiones.

NACIONALIDAD
Alemana

CLUB ACTUAL
VfL Wolfsburg

AÑOS COMO ENTRENADOR: 12

PRIMER CLUB: SV MEPPEN

CLUBES ENTRENADOS	PARTIDOS	TÍTULOS DE LIGA
3	179	3

VICTORIAS	EMPATES	DERROTAS
139	17	23

TROFEOS DE CHAMPIONS LEAGUE	OTROS TROFEOS
0	3

PALMARÉS EN CLUBES
- ⚽ Frauen Bundesliga: 2022
- ⚽ DFB Pokal: 2022, 2023, 2024
- ⚽ Women's Eredivisie: 2019, 2021 (Twente)

*Excluyendo supercopas

NOTAS